Anna Hammerstock

heimatlos
bis ich frieden in mir selbst finde

Gedichte und Texte aus dem Leben mit einer psychisch
kranken Mutter

Bibliografische Information der Deutschen Nationalbibliothek:
Die Deutsche Nationalbibliothek verzeichnet diese Publikation in
der Deutschen Nationalbibliografie; detaillierte bibliografische
Daten sind im Internet über http://dnb.dnb.de abrufbar.

Verlag: BoD • Books on Demand GmbH, In de Tarpen 42, 22848
Norderstedt
Druck: Libri Plureos GmbH, Friedensallee 273, 22763 Hamburg

ISBN: 978-3-7597-8748-4

Für alle, die sich in diesem Buch wiederfinden.
Wir sind nicht allein!

heimatlos bis ich frieden in mir selbst finde

Heimatlos
– so habe ich mich lange gefühlt.
Wenn ein Zuhause, eine Familie zerbricht, wo findet
man dann Heimat? Was ist Heimat?

Für mich bedeutet Heimat, einen Ort, eine Person zum
Ankommen zu haben, wo man sein darf und
angenommen und respektiert wird.
Ein Ort, an dem man Halt und Sicherheit findet, darauf
vertrauen kann, dass man aufgefangen und gehalten
wird.
Ein Ort, an dem man gemeinsam lacht und weint,
miteinander und füreinander ist, Seelenfrieden findet.
Ein heilsamer Ort.

Und wenn das zerbricht, fehlt die Grundlage. Ohne
Sicherheit, Vertrauen, Angenommen sein zerbricht
man auch innerlich. Der Seelenfrieden ist gestört. Wie
kann so ein Ort noch heilsam sein?

Eine psychische Krankheit in meiner Familie brachte
bei mir ein ganzes Familiensystem, mein Zuhause ins
Wanken und Zusammenstürzen. Plötzlich entstanden
Fragen nach Verantwortung und Schuld, Zweifel an
meiner Familie, an meiner Welt, an mir und an meiner
Wahrnehmung. Habe ich etwas verpasst? War es
schon immer so kaputt und ich wollte es nicht sehen?
Bin ich schuld? Nehme nur ich es so wahr? Stimmt mir
mir etwas nicht? Nach außen hin war alles okay, lag es
also doch an mir?
Wo Unsicherheit, Ungewissheit herrscht, springen die
Gedanken ein und malen sich jedes Szenario aus, das

entstehen könnte.

Wo ich zu wenig und gleichzeitig zu viel wusste, entstanden überwältigende Gedanken, Ängste, Panik. Und wie wird man dann aufgefangen, wenn die Familie zerfällt, das Außen die Augen verschließt und man Stück für Stück sich selbst in all diesen Gedanken verliert?

Während der Wunsch, meine Familie zu retten und meiner Mutter zu helfen, immer größer wurde, wurde der Raum für mich, für mein Sein und für mein Werden damit immer kleiner. Wo kann ich dann noch hin?

Bis ich Frieden in mir selbst finde
– denn ja, auch wenn ich mich heimatlos fühle, kann und vor allem darf ich Frieden in mir selbst finden.
Ich darf Sicherheit in mir selbst finden, Halt, Vertrauen.
Ich darf in mir selbst ankommen, mich selbst annehmen, wenn ich Raum für mich schaffe.
Ich darf Seelenfrieden finden und mir eine heilsame Welt aufbauen.

In meinem Buch darfst du mich sowohl durch meine heimatlose Zeit begleiten als auch auf der Suche nach dem Frieden in mir selbst.

Es gibt zu all den Texten in diesem Buch eine Geschichte, die ich hier aber bewusst nicht genauer erzählen werde, weil es meine Geschichte ist und du hier dich und deine eigene Geschichte finden darfst.

Ich will dir zeigen, dass du nicht alleine bist.
Und dass es Heimat für dich gibt, auch wenn es ein weiter Weg sein kann, bis man sie findet. Du darfst Frieden in dir selbst finden.

Eine kleine Erinnerung: Das Buch ist in zwei Teilen geschrieben und beschreibt damit einerseits die Heimatlosigkeit und andererseits das Frieden finden in sich selbst. Auch wenn das hier die zwei Teile mit klarer Grenze sind, ist es in Wirklichkeit ein langer Prozess mit vielen Fortschritten und Rückschritten und unendlich vielen Zwischenschritten, die du vielleicht im Buch trotzdem ein bisschen finden wirst (die Texte sind tatsächlich bis auf minimale Veränderungen in der Reihenfolge im Buch, in der sie über die Jahre entstanden sind). Und vielleicht schaut dein Weg auch etwas anders aus als meiner.

Außerdem ist der zweite Teil des Buches etwas kürzer, obwohl es ja eigentlich der schöne Teil ist. Ich bin mir sicher, dass ich hier einfach noch nicht am Ende angekommen bin und der Teil somit noch Raum für Wachstum lässt. Für mich und für dich. Um Frieden in uns selbst zu finden.

Ganz liebe Grüße
Anna

Triggerwarnung: es können Erwähnungen von selbstverletzendem Verhalten und Suizidgedanken vorkommen. Überlege dir, ob du gerade stabil genug dafür bist oder ob dich vielleicht jemand emotional begleiten kann. Ein paar Hilfsangebote findest du auch am Ende des Buches. Pass auf dich auf!

heimatlos

grenzen

auf einmal sind da grenzen in der liebe
obwohl sie vorher grenzenlos war

auf einmal sind da bedingungen in der liebe
obwohl sie vorher bedingungslos war

auf einmal nimmt die liebe den halt
obwohl sie vorher halt gegeben hat

auf einmal werden hindernisse nicht gemeinsam
überwunden
sondern trennen voneinander

auf einmal scheint sich alles zu verändern
obwohl es vorher noch so gut erschien

auf einmal ist vieles anders
obwohl sich scheinbar nicht so viel verändert hat

zerrissen

auf einmal ist alles anders
zerrissen kaputt
so oft vorgestellt wie es wäre
aber immer gehofft
dass es uns erspart bleibt

auf einmal ist alles anders
zerrissen kaputt
so oft von anderen gehört
aber nie geahnt
dass es uns selbst passiert

auf einmal ist alles anders
zerrissen kaputt

mauer

damals nur ein kurzer blick
vermutlich eine lange geschichte dahinter

so viele fragen
aber nur wenige worte als antwort

ungewissheit
aber eine ahnung

wirbelnde gedanken
ich will klarheit

unentschlossen ob ich fragen soll
angst die wahrheit nicht zu verkraften

eine mauer zwischen uns

verloren

das gefühl mich selbst zu verlieren
in meinen gedanken
die kreisen
kreisen
kreisen
immer das gleiche
wieder und wieder

das gefühl mich selbst zu verlieren
in meinen gefühlen
die zu viel sind
zu viel
viel zu viel
ich bin überfordert
kann nicht mehr

das gefühl mich schon verloren zu haben
in meinen gedanken
die nicht aufhören
zu kreisen
zu kreisen
zu kreisen
in mir
mich gefangen halten

das gefühl mich schon verloren zu haben
in meinen gefühlen
die zu viel sind
zu viel
viel zu viel
die mich festhalten
unter sich begraben

ich muss hier raus

ich

mein körper ist hier
in der gegenwart

meine gedanken gefangen
in der zukunft

alles was ich will verloren
in der vergangenheit

angst

ich habe angst zu verlieren
      was mir wichtig ist
      was ich brauche
      wofür ich immer gekämpft habe

ich habe angst loszulassen
      was ich liebe
      was immer schon da war
      was mich hält

ich habe angst zu versagen
      weil ich jemanden nicht retten kann
      weil ich etwas falsches loslasse
      weil ich es vielleicht nicht kann

karussell

auf und ab
hin und her
rundherum
immer im kreis

zwischendurch ein halt
die einen steigen aus
die anderen steigen ein
dann weiter im kreis

ein bisschen musik
lichter gehen an und aus
farbe überall
immer weiter im kreis

leute am rand winken
jede runde wieder
kameras blitzen
immer weiter im kreis

die welt außenrum verschwimmt
wird zu farbflecken in der dunkelheit
alles dreht sich
immer weiter im kreis

ein auf und ab der gefühle
ich will raus will doch bleiben
mir ist schwindelig
immer weiter im kreis

ein halt
leute verlassen mich
neue kommen dazu
dann weiter im kreis

die musik ist zu laut
die lichter zu grell
die farben zu bunt
immer weiter im kreis

die immer gleichen leute am rand winken
schauen mir zu
ich bin geblendet von den kameras
immer weiter im kreis

ich erkenne die welt außenrum nicht mehr
sie verschwimmt zu schatten
alles dreht sich
immer weiter im kreis

ich stecke fest
bin gefangen
will hier raus
immer weiter im kreis

wieder ein halt
ich will aussteigen
schaffe es nicht
dann weiter im kreis

die musik hält mich fest
weckt erinnerungen

spielt sie ab
immer weiter im kreis

keiner bemerkt wie es mir geht
sie schauen zu
sehen aber nichts
immer weiter im kreis

ich bin gefangen im karussell
kann nicht anhalten
drehe mich auf der stelle
immer weiter im kreis

meine gefühle schwanken
ich lache ich weine
bin verwirrt
immer weiter im kreis

wieder ein halt
die leute steigen aus und gehen einfach
sie sind weg
dann weiter im kreis

immer das gleiche lied
packt mich
reißt mich in die vergangenheit
immer weiter im kreis

die leute am rand verlieren das interesse
drehen sich um und gehen
vergessen was sie gesehen haben
immer weiter im kreis

ein strudel aus gedanken packt mich
ich verliere langsam den halt
das karussell dreht sich
immer weiter im kreis

auf und ab
hin und her
rundherum
immer im kreis

zwischendurch ein halt
die einen steigen aus
die anderen steigen ein
dann weiter im kreis

ein bisschen musik
lichter gehen an und aus
farbe überall
immer weiter im kreis

leute am rand winken
jede runde wieder
kameras blitzen
immer weiter im kreis

die welt außenrum verschwimmt
wird zu farbflecken in der dunkelheit
alles dreht sich
immer weiter im kreis

angst

wenn du angst hast
jemanden zu verlieren
der dir unglaublich wichtig ist

wenn du hoffst
dass die person weiß
wie sehr du sie brauchst

wenn du weißt
dass du sie nicht halten kannst
wenn sie gehen will

wenn du angst hast
der person nicht genug zu zeigen
wie viel sie dir bedeutet

wenn du hoffst
dass die person deine versuche sieht
ihr zu zeigen wie wertvoll sie ist

wenn du weißt
dass du trotz deiner bemühungen nie sehen wirst
was in der person vorgeht

es fehlt etwas

es fehlt etwas
ich kann nicht sagen was genau
ich weiß nur dass etwas fehlt

es fehlt etwas
es ist verloren gegangen auf dem weg
ich weiß nicht wo

es fehlt etwas
ich vermisse es
ich weiß dass wir es wieder brauchen

es fehlt etwas
es ist anders geworden
ich weiß nicht genau warum

es fehlt etwas
ich habe angst es nicht wiederzufinden
ich weiß nicht wo ich suchen soll

es fehlt etwas
und ich hoffe dass wir es bald finden
ich weiß dass wir es brauchen

albtraum

ich will hier weg
will hier raus
will aufwachen
aus diesem albtraum

aus diesem albtraum
in dem ich stück für stück die kontrolle verliere
in dem ich zusehen muss was passiert
in dem ich hilflos bin

ich will hier weg
will hier raus
will aufwachen
aus diesem albtraum

aus diesem albtraum
der so dunkel ist
der nicht endet
der mich festhält

ich will hier weg
will hier raus
will aufwachen
aus diesem albtraum

aus diesem albtraum
in dem ich eigentlich schon keine mehr kontrolle habe
in dem ich nichts tun kann
in dem ich gefangen bin

ich will hier weg
will hier raus
will aufwachen
aus diesem albtraum

aus diesem albtraum
der mich zerstört
der mich zu boden wirft
der mir die hoffnung raubt

ich will hier weg
will hier raus
will aufwachen
aus diesem albtraum

aus diesem albtraum
in dem ich nichts finde
in dem ich aber alles verliere
in dem ich verloren bin

ich will hier weg
will hier raus
will aufwachen
aus diesem albtraum

was ist hier los?

eine schanze
von der nicht gesprungen wird
warum verstehe ich nicht

ein wald
der vor lauter bäumen nicht gesehen wird
warum verstehe ich nicht

eine chance
die nicht genutzt wird
warum verstehe ich nicht

ein zaun
durch den plötzlich die sicht versperrt wird
warum verstehe ich nicht

aussagen
auf die nicht eingegangen wird
warum verstehe ich nicht

abstand
nicht mal räumlich der doch trennt
warum verstehe ich nicht

angst
dass so viel verloren geht
warum verstehe ich nicht

was ist hier los?

was ist passiert?

dicke mauern aus wut
mit hohen türmen aus stolz

breite flüsse aus sturheit
neben stürmischen bächen aus angst

undurchdringliche tore aus verschlossenheit
mit starken schlössern aus verschwiegenheit

harte geschosse aus vorwürfen
angriffe aus unsicherheit

schluchten aus verachtung
entfernung voneinander aus trotz

die türen aus freundlichkeit sind verschlossen
die leitern aus hilfsbereitschaft sind hochgezogen

die flussbetten aus entgegenkommen sind ausgespült
die seichten stellen aus schutz sind überflutet

die leichten tore aus offenheit sind ausgetauscht
die fenster aus erzählfreude sind verschlossen

die bunten fahnen zum willkommen heißen sind
abgehängt
die kleinen besuche voller sicherheit sind abgesagt

die brücken aus angenommen sein sind zerschlagen
das gefühl der nähe ist so weit weg

was ist passiert?

was mich wachhält

was mich wachhält
was mich nicht schlafen lässt
sind bilder
bilder von früher
als noch alles in ordnung war
was ist dazwischen alles passiert?
bilder von der zukunft
die mir angst machen
was könnte passieren?

was mich wachhält
was mich nicht schlafen lässt
sind erinnerungen
erinnerungen an schöne momente
in denen ich glücklich war
warum sind sie vorbei?
erinnerungen an erlebnisse
die viel verändert haben
warum gehen sie nicht vorbei?

was mich wachhält
was mich nicht schlafen lässt
sind „was-wäre-wenns"
was wäre wenn
das alles nicht so passiert wäre?
wäre dann alles besser?
was wäre wenn
ich jemanden der mir wichtig ist verliere?
was würde ich dann machen?

was mich wachhält
was mich nicht schlafen lässt
sind gedanken
gedanken
wie ich hierhin gekommen bin
was habe ich getan?
gedanken
was alles passieren könnte
wie kann ich sie stoppen?

was mich wachhält
was mich nicht schlafen lässt
ist das chaos in meinem kopf
chaos aus bildern und erinnerungen
die immer wiederkommen
wie kann ich sie von mir weghalten?
chaos aus „was-wäre-wenns" und gedanken
die mich nicht in ruhe lassen
was soll ich tun?

lügen

ich hasse es sie anlügen zu müssen
komme mir jedes mal so mies dabei vor
aber ich habe angst ihr die wahrheit zu sagen
ihr wehzutun

„der text ist aber nicht auf dich bezogen oder?"
- „nein musst dir keine sorgen machen"
doch in dem text geht es um mich
das sind meine gedanken

„ich würd's doch mitkriegen wenn einer von euch eine
panikattacke hat oder?"
- „ja klar auf jeden fall"
nein würdest du nicht hast du nicht
du weißt so viel nicht

„warum ist das semicolon da in deinem tattoo mit
drin?"
- „nur so finde die bedeutung schön"
weil ich selber drinstecke
weil es für mich mehr ist als ein symbol mit einer
schönen bedeutung

„euch geht's ja gut ihr kommt mit der trennung ja gut
klar"
- „ja klar ist alles gut so wie es ist"
nein mir geht's nicht immer gut
und die trennung hat so viel kaputt gemacht

"du würdest es mir ja sagen wenn du solche gedanken
hättest oder?"
- "ja natürlich aber es ist alles gut"
nein würde ich nicht
ich wüsste nicht wie und es ist definitiv nicht alles gut

es tut mir leid dass ich dir die wahrheit nicht sagen
kann
aber ich will dir nicht wehtun
ich tu lieber weiter mir selber weh
verstecke alles vor dir denn du hast genug zu tragen

meine schwarze mauer

grenzenlos
riesig
vollkommen glatt

dunkel
bedrohlich
unendlich

stark
stabil
standhaft

pechschwarz
undurchdringlich
viel zu nah

das ist sie
meine mauer
meine mauer vor der zukunft

gewaltig
wenn ich an die zukunft denke
etwas planen will

unbemerkt
wenn ich im jetzt bin
nicht weiterdenke

sie wächst ins unendliche
rückt bedrohlich näher
wenn mich jemand danach fragt

rückt zur seite
stört mich nicht
wenn ich den moment genieße

sie verdunkelt alles
lässt mich allein im schwarz zurück
wenn ich nur an das wort denke

lässt mich in ruhe
lässt mir die farben und meine menschen
wenn ich einfach nur da bin

sie verhindert pläne
drängt mich zurück
lässt mich nicht nach vorne schauen

ich will jeden moment festhalten
für immer behalten
klammere mich verzweifelt am jetzt fest

aber ich werde von der dunkelheit verschluckt
kann nichts mehr sehen
verliere den halt

außer ich bleibe hier
denke nicht weiter
plane nicht voraus

sonst verschluckt mich das schwarz
umschlingt meine gedanken
lässt mich verschwinden

es macht mich wütend

es macht mich wütend
wie du mit uns umgehst
dass du auf einmal keine zeit mehr für uns hast
dass dir auf einmal lauter andere dinge wichtiger sind
als wir

es macht mich wütend
dass die kleinen auch darunter leiden müssen
dass sie sagen dass sie es schade finden dass du nicht
mehr zum gute-nacht-sagen kommst
dass sie merken dass du für uns kaum mehr
ansprechbar bist

es macht mich wütend
dass du ständig am handy hängst
dass du es auch nicht weglegst um mit uns zu reden
dass dir andere ständig wichtiger sind als wir

es macht mich wütend
dass unserer familie immer weiter kaputt geht
dass wir alle aneinander vorbei leben
dass du es immer noch nicht siehst

es macht mich wütend
dass du deine eigenen probleme nicht siehst
dass du dir keine hilfe suchst
dass du keine hilfe annehmen kannst

es macht mich wütend
dass du mir vorwirfst dass ich nichts mitkriege

dass du mir vorwirfst dass ich zu wenig schlafe
dass du mir vorwirfst dass ich zu viel trinke

es macht mich wütend
dass ich dich nicht mal mehr nach geld fragen kann das
du mir schuldest
dass du mich dann anmotzt dass wir ständig geld
wollen
dass du mir dabei das gefühl gibst dass ich kein recht
dafür habe

es macht mich wütend
dass du uns nicht mehr zuhörst
dass du nichts mehr von uns weißt
dass du kaum mehr nachfragst

es macht mich wütend
dass du immer einen grund findest warum wir streiten
dass der grund immer mit mir zu tun hat
dass du nichts ernst nimmst was ich dir sage

es macht mich wütend
dass du kaum mehr für uns kochst
dass du immer davon redest wie teuer alles ist
dass du uns sofort anmotzt wenn wir sagen dass uns
etwas so nicht passt

es macht mich wütend
dass du mir das gefühl gibst dass ich dir auf die nerven
gehe
dass du mir das gefühl gibst dass ich dir eine last bin

dass du mir das gefühl gibst dass ich an den ständigen
streits schuld bin

es macht mich wütend
dass du mich denken lässt dass ich weniger essen muss
dass du mich denken lässt dass es dann weniger kostet
dass du solche gedanken in mir hervorrufst

es macht mich wütend
dass ich nichts mehr richtig machen kann
dass du an allem etwas auszusetzen hast
dass ich mir das viel zu sehr zu herzen nehme

es macht mich wütend
dass du danach so tust als wäre es nur ein lächerlicher
kleiner streit gewesen
dass du danach so tust als wäre nie etwas passiert
dass du danach so tust als wäre alles bestens

es macht mich wütend
dass ich diejenige bin die sich danach gedanken macht
was ich falsch gemacht habe
dass ich diejenige bin die dir ihren standpunkt immer
noch nicht klarmachen kann
dass ich diejenige bin die sich danach schlecht fühlt

es macht mich wütend
dass ich mal jemand war der immer gerne daheim war
dass du mich dazu gebracht hast dass ich möglichst viel
zeit woanders verbringe
dass du mich dazu gebracht hast meinen heimweg
herauszuzögern um dir nicht begegnen zu müssen

es macht mich wütend
dass ich dann ein schlechtes gewissen habe weil ich die
kleinen im stich lasse
dass es dir scheinbar nicht mal auffällt dass ich kaum
mehr da bin
dass du vielleicht zu viel mit anderen beschäftigt bist

es macht mich wütend
dass du nicht siehst wie es mir geht
dass du nicht siehst was du mit mir machst
dass du nicht siehst was du in unserer familie
anrichtest

es macht mich wütend
dass ich dir die augen nicht öffnen kann
dass du alles niedermachst was ich dir sage
dass du mir das gefühl gibst auf voller linie zu versagen

ich und wir

wir
weg
nicht mehr auffindbar
hat mich mitgenommen

ich
weg
nicht mehr auffindbar
verloren gegangen zusammen mit uns

wo bin ich?
wo sind wir?
werde ich mich wiederfinden?
werden wir uns wiederfinden?

ich hab die nase voll

ich hab die nase voll
es scheint sich immer im kreis zu drehen bis es
verschwimmt
ich krieg den kopf nicht frei sondern stehe unter druck
mir hängt das alles so zum hals raus
ich könnte kotzen deswegen
es geht mir so auf die nerven
es ist eine zu große last unter der ich geradestehen
muss
ich knicke immer wieder unter ihr ein
ich will eigentlich nur etwas im griff haben finde aber
keinen halt
gleichzeitig halte ich mit meiner hand zu viel fest was
ich loslassen sollte
mir gleitet alles durch die finger
ich stolpere über dinge die ich am rand abgelegt und
vergessen habe jetzt aber dringend aufheben sollte
ich sehe nicht was direkt vor mir ist
ich kann aber auch nicht erkennen was in der ferne auf
mich wartet
ich blende manche dinge für gewisse zeit einfach aus
dafür sind sie danach umso präsenter
das alles bereitet mir bauchschmerzen
es schnürt mir die luft ab
ich bin unendlich müde von all dem und doch hält es
mich nachts wach
und ich stehe neben mir und habe keine ahnung wie
ich das wieder in ordnung bringen soll

schon wieder

schon wieder
schlägst du mir die tür vor der nase zu
bevor ich ganz reingekommen bin

schon wieder
bringst du mich zum weinen
obwohl ich diesmal stark bleiben wollte

schon wieder
gibst du mir das gefühl eine last zu sein
das gefühl völlig zu versagen

schon wieder
machst du mir ein schlechtes gewissen
obwohl ich nicht mal weiß warum

schon wieder
suchst du die schuld bei mir
und ich lasse es zu

schon wieder
geht es mir danach schlecht
obwohl ich eigentlich keinen fehler gemacht habe

schon wieder
verurteilst du mich
obwohl du nichts mehr über mich weißt

schon wieder
machst du mich fertig
und ich stehe da und lasse es geschehen

unser spiel

es ist wie ein spiel
aber keiner kennt die regeln
es ist wie ein spiel
aber es macht keinen spaß

es ist wie ein spiel
in dem es nur darum geht wer gewinnt
es ist wie ein spiel
in dem es zu viel zu verlieren gibt

es ist wie ein spiel
aber wann ist es zu ende?
es ist wie ein spiel
aber was ist das ziel?

es ist wie ein spiel
das unendlich viel kraft kostet
es ist wie ein spiel
in dem sich keiner etwas anmerken lässt

es ist wie ein spiel
aber es ist die realität
es ist wie ein spiel
aber wir könnten alles dabei verlieren

du fragst

du fragst mich
was es zwischen uns noch zu klären gibt
was wir besprechen müssen
ob ich noch fragen habe

ich sage
dass ich es nicht weiß

du fragst mich
wie ich mir vorstelle dass es weitergeht
wie wir weitermachen sollen
was wir noch verändern müssen

ich sage
dass ich es nicht weiß

du fragst mich
wie ich mich hier wieder mehr wie daheim fühle
wie ich mich wieder lieber hier aufhalte
was noch das problem ist

ich sage
dass ich es nicht weiß

aber du fragst mich so viel
so zwischendrin

ich weiß sehr wohl
was es zwischen uns noch zu klären gäbe
was wir besprechen müssten
welche fragen ich hätte

aber du fragst mich so viel
so zwischendrin

ich weiß ungefähr
wie ich mir vorstellen würde dass es weitergeht
wie wir weitermachen sollten
was wir noch verändern müssten

aber du fragst mich so viel
so zwischendrin

ich weiß
dass ich mich hier schon wieder deutlich mehr zuhause
fühle
dass ich mich wieder lieber hier aufhalten
was dennoch das problem ist

aber du fragst mich so viel
so zwischendurch

und ich weiß nicht
was ich dir sagen soll
wie ich es dir sagen soll
was ich sagen kann ohne dich zu verletzen

würdest du

„du würdest es mir doch sagen wenn es dir nicht gut
geht oder?"
- „ja klar aber mir geht's gut"

nein ich würde es dir nicht sagen
ich habe es dir nicht gesagt

warum nicht?
weil du einer der gründe dafür bist
weil ich angst um dich habe
weil ich dir nicht wehtun will
weil ich dich schützen will
weil du genug zu tragen hast

würdest du es mir sagen wenn es dir nicht gut geht?

nein würdest du nicht
hast du nicht

warum nicht?
weil wir uns zu ähnlich sind

was ist die wahrheit?

ich kann nicht mehr einschätzen
was du tun wirst
ich weiß nicht mehr
was die wahrheit ist
ich erkenne dich nicht mehr wieder

du versicherst mir sachen
aber ich glaube dir nicht mehr
du erzählst mir sachen
aber du scheinst eher dich selbst überzeugen zu
wollen
ich erkenne dich nicht mehr wieder

ich habe angst davor
was du tun könntest
ich mache mir sorgen
was dann wäre
ich erkenne dich nicht mehr wieder

du behauptest dass du alles im griff hast
aber es sieht nicht danach aus
du sagst dass alles nicht so schlimm ist
aber ich nehme es dir nicht ab
ich erkenne dich nicht mehr wieder

wir kämpfen beide
jeder für sich
wir versuchen uns nichts anmerken zu lassen
jeder hinter seiner maske
ich erkenne dich nicht mehr wieder

ich hasse ihn dafür

ich bin ihm dankbar
dass er ehrlich zu mir war
ich bin ihm dankbar
dass er mich ins vertrauen gezogen hat
ich bin ihm dankbar
dass er mich nicht mehr im dunkeln tappen lässt

ich hasse ihn für das
was er mir gesagt hat
ich hasse ihn dafür
dass er mir damit wieder das gefühl gibt versagt zu
haben
ich hasse ihn dafür
dass er wieder meine ganzen gedanken aufgeweckt
hat

ich habe angst
dass wahr wird was er erzählt hat
ich habe angst
dass ich etwas verpasse
ich habe angst
sie zu verlieren

ich hasse ihn dafür

wie es mir geht

sie fragen mich wie es mir geht
meine antworten liegen irgendwo zwischen „ganz
okay" und „passt schon"
sie sagen dass sie das freut
ich sage nichts dazu

sie glauben dass ich damit sagen will dass es mir gut
geht
ich bin mir nicht so sicher ob ich das wirklich wollte
sie wissen nicht dass ich selber nicht so genau weiß
wie es mir geht
ich erkläre es ihnen nicht weil es so einfacher ist

sie gehen weiter zum nächsten thema
ich bleibe mit meinen gedanken hängen
sie geben sich zufrieden mit meinen antworten
aber ich habe eigentlich keine ahnung wie es mir geht

reagiere ich über?

reagiere ich mal wieder über und eigentlich ist gar
nichts?
mache ich mir sorgen obwohl es nicht nötig wäre?
oder steckt doch etwas wahres hinter meinen sorgen?
was wenn sich meine befürchtungen bestätigen?
habe ich etwas wichtiges übersehen?
verkompliziere ich das bloß alles?
reagiere ich vielleicht einfach nur über weil mir alles
über den kopf wächst?
mache ich mir vielleicht nur solche sorgen weil ich
angst um sie habe?

kampf

ich habe versucht musik zu machen
aber die gedanken klangen in jeder note mit
ich habe versucht zu lesen
aber die gedanken folgten mir in die geschichte
ich habe versucht zu schreiben
aber die gedanken hielten die worte zurück
ich habe versucht musik zu hören
aber die gedanken ließen mich auch da nicht alleine
ich habe versucht aufzuräumen
aber die gedanken brachten in mir alles durcheinander
ich habe versucht zu malen
aber die gedanken ließen die striche falsch wirken
ich habe versucht sport zu machen
aber die gedanken machten jede bewegung mit
ich habe versucht zu tanzen
aber die gedanken holten mich danach sofort wieder
ein
ich habe versucht sie loszuwerden
aber die gedanken blieben hartnäckig
ich habe versucht sie zu besiegen
aber die gedanken haben mal wieder gewonnen

wer bist du heute?

wer bist du heute?
wie begegnest du mir?
wie soll ich mich verhalten?
wie soll ich reagieren?

kann ich dir heute etwas erzählen?
oder wirfst du mir wieder etwas vor?
wirst du mir zuhören?
oder bist du wieder anderweitig beschäftigt?

nimmst du mich ernst?
oder ziehst du wieder alles ins lächerliche?
nimmst du dir zeit?
oder bist du mal wieder weg?

bist du ehrlich zu uns?
siehst du was los ist?
beschuldigst du mich wieder?
siehst du deine eigenen fehler ein?

warum machst du mich so unsicher?
warum hast du so viel macht über mich?
warum gebe ich dir so viel macht?
wer bist du?

ich weiß nicht mehr weiter

lass mich da raus
zieh mich nicht noch mehr mit rein
lass mich in ruhe damit

ich will nichts mehr davon wissen
will die augen davor verschließen
ich will endlich nichts mehr sehen

du sagst du nimmst mich aus jeder verantwortung
aber das tue ich für mich nicht
du kannst meine gedanken nicht beeinflussen

du sagst du weißt nicht mehr weiter
ich doch auch schon lange nicht mehr
du sagst du tust dein bestes

ich bin dir dankbar für das was du für sie tust
bewundere dich dafür
ich bin dir dankbar dass du für sie da bist

aber ich weiß nicht ob es gut ist
wenn du mir das erzählst
ich weiß nicht was ich tun soll

kalt

mir ist kalt
die ganze zeit
seit diesem abend

mir ist kalt
und mir wird nicht warm
egal was ich mache

mir ist kalt
die ganze zeit
seit diesem abend

mir ist kalt
innen drin
ich bin kalt

was dann

es wird nicht passieren
es kann nicht passieren
es darf nicht passieren
was wenn doch...?

gutes neues jahr

mit jedem schluck sekt trinkst du eine sorge weg
mit jedem anstoßen glaubst du ein problem weniger
zu haben
mit jedem nachschenken entfernst du dich weiter von
der realität
ein gutes neues jahr!

mit jedem quietschen einer rakete krallt sich ein
gedanke in deinem kopf fest
mit jedem knall eines böllers schießt etwas durch
deinen kopf das im neuen jahr passieren könnte
mit jedem bunten blinken am himmel sehnst du dich
mehr nach den echten sternen
ein gutes neues jahr!

mit jedem „ein gutes neues jahr!"-ruf fragst du dich
mehr was das heißen soll
mit jedem jubelschrei über eine besonders tolle rakete
wünschst du dir mehr woanders zu sein
mit jedem leeren wunsch an dich von einer dir beinahe
unbekannten person quält sich dein lächeln mehr auf
deinen lippen
ein gutes neues jahr!

mit jeder silvesterrakete steigt ein traum hoch hinauf
in den himmel und wird unerreichbar
mit jeder träne die auf den boden fällt zerplatzt eine
hoffnung
mit jedem sternwerfer der erlischt löst sich ein guter

vorsatz in luft auf
ein gutes neues jahr!

mit jedem jahr wunderst du dich mehr über die leute
die lieber die nacht mit raketen vernebeln als sich die
echten sterne anzuschauen
mit jedem jahr fragst du dich mehr wie die leute so
positiv ins neue jahr starten können
mit jedem jahr überlegst du dir mehr warum du dir das
antust
ein gutes neues jahr!

und nächstes jahr gehst du wieder hin
nächstes jahr stellst du dir die gleichen fragen
nächstes jahr wünschst du wieder allen
ein gutes neues jahr!

du startest wieder mit tränen in den augen ins neue
jahr
du fürchtest dich wieder vor den dingen die kommen
könnten
du wartest voller angst auf das ungewisse
ein gutes neues jahr!

und wieder steigt mit jeder silvesterrakete ein traum
hoch hinauf in den himmel und wird unerreichbar
wieder zerplatzt mit jeder träne die auf den boden fällt
eine hoffnung
wieder löst sich mit jedem sternwerfer der erlischt ein
guter vorsatz in luft auf
ein gutes neues jahr!

neues jahr neues glück

„neues jahr neues glück" sagen die leute
„neues jahr neue angst" flüstert mein kopf
„neues jahr neue ungewissheit" rufen meine gedanken

angst vor dem neuen jahr
angst vor dem was es mit sich bringen wird
angst vor dem ungewissen
angst vor dem das ich nicht einschätzen kann
angst vor der schwarzen mauer die sich schon wieder
vor mir auftürmt
angst vor der zukunft

„neues jahr neues glück" sagen die leute
„neues jahr neue angst" flüstert mein kopf
„neues jahr neue ungewissheit" rufen meine gedanken

ungewissheit die mir angst macht
ungewissheit was passieren wird
ungewissheit wie es weitergehen wird
ungewissheit weil es zu viele unbekannte in der
gleichung gibt
ungewissheit hinter der schwarzen mauer
ungewissheit in der zukunft

„neues jahr neues glück" sagen die leute
„neues jahr neue angst" flüstert mein kopf
„neues jahr neue ungewissheit" rufen meine gedanken

und dann kommst du

ich versuche für mich einen weg zu finden damit
umzugehen
ohne mich völlig davon einnehmen zu lassen

ich versuche für mich grenzen zu setzen
um mir darüber klar zu werden wie weit ich gehen
kann

ich versuche auf mich zu achten
indem ich ein bisschen abstand nehme

ich versuche mich eher rauszuhalten
um nicht daran kaputtzugehen

und dann kommst du und beschwerst dich
warum ich nie nachfrage wie es dir geht

zuhause

es ist immer noch ein zuhause für mich
aber ist es noch *mein zuhause*?

ist es noch das zuhause
in dem es mir immer gut ging?
ist es noch das zuhause
in dem ich mich immer wohlgefühlt habe?

ist es noch das zuhause
in dem ich mich immer gerne aufgehalten habe?
ist es noch das zuhause
in das ich immer gerne zurückgekehrt bin?

ist es noch das zuhause
in dem ich immer liebe und wärme gefunden habe?
ist es noch das zuhause
in dem ich mich immer sicher gefühlt habe?

ist es noch das zuhause
in dem ich mit meinen probleme ernstgenommen
wurde?
ist es noch das zuhause
in dem gemeinsam nach lösungen gesucht wurde?

ist es noch das zuhause
in dem es eine familie gab?
ist es noch das zuhause
in dem wir zusammengehalten haben?

ist es noch das zuhause
in dem wir zusammen gelacht haben?
ist es noch das zuhause
in dem wir gern miteinander zeit verbracht haben?

ist es noch das zuhause
nach dem ich heimweh hatte wenn ich weg war?
oder ist es jetzt das zuhause
das ich die ganze zeit vermisse weil es nicht mehr
existiert?

ist es jetzt das zuhause
in dem sich gemeinsame zeit gezwungen anfühlt?
ist es jetzt das zuhause
in dem ich lieber alleine in meinem zimmer weine?

ist es jetzt das zuhause
in dem jeder für sich kämpft?
ist es jetzt das zuhause
in dem von der familie nur noch bruchstücke übrig
sind?

ist es jetzt das zuhause
in dem die lösung streit ist?
ist es jetzt das zuhause
in dem jeder seine probleme in sich hineinfrisst?

ist es jetzt das zuhause
das mich immer unsicherer werden lässt was das
richtige ist?
ist es jetzt das zuhause
in dem es immer kälter wird?

ist es jetzt das zuhause
das ich immer mehr meide?
ist es jetzt das zuhause
aus dem ich lieber flüchte?

ist es jetzt das zuhause
in dem ich mich manchmal wie am falschen ort fühle?
ist es jetzt das zuhause
das mich kaputt macht?

es ist irgendwie immer noch ein zuhause für mich
aber was ist mit *meinem zuhause* passiert?

was ist los

machtlos
ratlos
tatenlos

hoffnungslos
mutlos
kraftlos

was ist los?

wann

wann hat es aufgehört
dass wir zusammen essen?
wann hat es aufgehört
dass wir uns gegenseitig etwas erzählen?
wann hat es aufgehört
dass wir uns gegenseitig nach dem tag fragen?
wann hat es aufgehört
dass wir über gefühle reden?
wann hat es aufgehört
dass ich daheim unbedingt von meinen erlebnissen
erzählen wollte?
wann hat es aufgehört
dass wir zusammen quatsch machen?
wann hat es aufgehört
dass wir zusammen lachen?
wann hat es aufgehört
dass ich stolz auf meine familie war?

wann hat es angefangen
dass jeder irgendwann alleine isst?
wann hat es angefangen
dass keiner mehr von sich erzählt?
wann hat es angefangen
dass kaum einer mehr beim anderen nach dem tag
fragt?
wann hat es angefangen
dass keiner mehr über probleme ängste oder gefühle
redet?

wann hat es angefangen
dass ich meine erlebnisse lieber jemand anders
erzählen wollte?
wann hat es angefangen
dass wir uns lieber streiten als spaß zu haben?
wann hat es angefangen
dass wir so nebeneinander her existieren?
wann hat es angefangen
dass ich andere um ihre familien beneide?

was ist passiert
dass es so weit kommen konnte?
was ist passiert
das ich nicht mitbekommen habe?
was ist passiert
und warum merkt es sonst niemand?

wann hat sich alles verändert?
warum wird nicht wieder alles so wie früher?
was ist los?

was ist die wahrheit

habe ich alles ganz anders eingeschätzt?
habe ich etwas übersehen?
sehe ich alles falsch?
bilde ich mir das alles nur ein?
ist es eigentlich ganz anders?
übertreibe ich?
lässt mich meine angst überall mehr sehen als da
eigentlich ist?
bin ich die die alles kaputt macht?
trage ich doch mehr schuld als ich glaube?
muss ich den fehler bei mir suchen?
oder hast du nur wieder alles so gedreht dass ich mich
schlecht fühle?

heimweh

heimweh
weil sich daheim so weit weg von hier anfühlt
obwohl ich da bin
wo eigentlich mein zuhause sein sollte

familie

du redest von familie
und wie wichtig dir das sei
du redest von familie
und was du alles dafür tun willst
du redest von familie
und wie toll wir doch seien
du redest von familie
und sprichst von uns?

du redest von familie
und wie du alles viel besser machen willst
du redest von familie
und was sie dir bedeutet
du redest von familie
und was man alles machen könnte
du redest von familie
und sprichst von uns?

du redest von familie
und wie man da füreinander da ist
du redest von familie
und wie man da einander zuhört
du redest von familie
und wie man da zueinander hält
du redest von familie
und sprichst von uns?

du redest von familie
und ziehst dich von ihr zurück

du redest von familie
und bist kaum da
du redest von familie
und hast keine zeit mehr für deine kinder
du redest von familie
und meinst uns

du redest von familie
und setzt keinen von deinen vorschlägen um
du redest von familie
und tust nichts um sie zu retten
du redest von familie
und verhältst dich genau gegenteilig
du redest von familie
und meinst uns

du redest von familie
und bist nicht ehrlich zu uns
du redest von familie
und lässt uns am muttertag alleine
du redest von familie
und tust nichts dafür
du redest von familie
und meinst uns

du redest von familie
und ich bin mir nicht sicher wie wichtig dir das wirklich
ist
du redest von familie
und ich sehe nicht dass du etwas dafür tust
du redest von familie

und ich glaube nicht dass du merkst was du tust
du redest von familie
und denkst dabei wirklich an uns

du redest von familie
und verstehst nicht was ich dir sagen will
du redest von familie
und ignorierst meine versuche uns zu retten
du redest von familie
und siehst das problem nicht
du redest von familie
und denkst dabei wirklich an uns

du redest von familie
und ich merke wenig davon dass sie dir wichtig wäre
du redest von familie
und weißt kaum mehr etwas von mir
du redest von familie
und nimmst immer weniger daran teil
du redest von familie
und denkst dabei wirklich an uns

du redest von familie
und belügst uns dabei
du redest von familie
und belügst dich selber dabei
du redest von familie
und redest dir dabei wohl ein dass wir eine sind
du redest von familie
und ich weiß nicht wovon du sprichst

notbremse

ich bin müde
so verdammt müde
will nicht mehr
kann nicht mehr
ich brauch eine pause
eine pause vom leben
aber wie hält man sein leben an?
wo ist die notbremse?

es tut mir leid

liebes jüngeres ich

es tut mir leid
dass ich erst so spät verstanden habe
was damals passiert ist
was sie mit dir gemacht haben

es tut mir leid
dass es zu spät war
um noch etwas dagegen zu unternehmen
um das zu stoppen

es tut mir leid
dass es mir nicht möglich war
auf dich aufzupassen
dich davor zu beschützen

es tut mir leid
dass mir nicht klar war
was das wirklich bedeutet
was sie dir damit eigentlich angetan haben

es tut mir leid
dass ich nicht den mut aufbringe
jetzt noch etwas zu sagen
mich jetzt zu wehren

es tut mir leid
weil gerade immer wieder erinnerungen auftauchen
und ich wehrlos bin
nur zuschauen kann

es tut mir leid
dass ich erst jetzt verstehe
was es eigentlich bedeutet
was es alles verändert

es tut mir leid
wenn ich jetzt sehe
was ich verpasst habe
was ich vermutlich dennoch nicht hätte ändern können

es tut mir leid
dass ich dir nicht sagen konnte
dass das nicht normal ist
dass es nicht okay ist

es tut mir leid

dein jetziges ich

irgendwie

nur noch ein paar stunden
ich muss das jetzt noch durchhalten
das geht schon noch
irgendwie

nur noch ein paar schritte
bloß nicht aufhören
das geht schon noch
irgendwie

nur noch ein bisschen
ein stückchen weiter
das geht schon noch
irgendwie

nur noch
und weiter
geht schon noch
irgendwie

aber eigentlich geht es nicht mehr
auch nicht bloß ein kleines stück
es geht nicht mehr
auch nicht irgendwie

eigentlich keine paar schritte mehr
ich kann nicht mehr
es geht nicht mehr
auch nicht irgendwie

eigentlich keine paar stunden mehr
es ist mehr als genug
es geht nicht mehr
auch nicht irgendwie

ich bin mit der kraft am ende
will nicht mehr
es geht eigentlich nichts mehr
aber irgendwie dann doch

kann nicht einfach so aufgeben
zugeben dass ich das nicht schaffe
denn es geht ja
irgendwie

mache mich kaputt dabei
zerstöre mich mehr von tag zu tag
aber es geht ja
irgendwie

und die leere in mir hilft mir diese tage zu überstehen
lässt mich taub alles hinnehmen
und es geht ja
irgendwie

wie lange es geht ist egal
denn ich habe angst vor der zukunft und schaue lieber
nicht nach vorne
solange es geht
irgendwie

tag und nacht

die tage sind zu lang geworden
die nächte dagegen sind viel zu kurz

ich kämpfe mich irgendwie durch den tag
habe aber eigentlich keine kraft mehr
und nachts kann ich mich nicht erholen
weil ich keine ruhe finde

ich versuche irgendwie zu funktionieren
überlebe mehr als wirklich zu leben
die leere ist dabei mein ständiger begleiter
schlaf dagegen ist ein seltener gast
die gedanken halten ihn fern
erholt in einen neuen tag zu starten ist mir fremd
geworden

tage an denen es nicht abend werden will
während ich mich nur noch nach einem ende sehne
rauben mir mein letztes bisschen kraft
eigentlich bin ich schon längst am ende
man sollte meinen ich würde vor erschöpfung schnell
einschlafen
aber die angst hält mich wach
durchschlafen wurde zum fremdwort
einschlafen zu einer qual

aufstehen und durchhalten
bloß nichts anmerken lassen
irgendwie muss das alles gehen
ins bett legen und wach liegen

die augen geschlossen aber hellwach im kopf
irgendwie muss ich wenigstens ein bisschen schlaf
kriegen

dem zusammenbruch nah
ich kann nicht mehr
will nicht mehr schlafen gehen
bringt ja eh kaum was

die tage sind viel zu lang geworden
die nächte wurden zu einer qual

zurück zu mir

hol mich zurück
hol mich zurück zu mir
hol mich zurück ins leben

zeig mir wohin ich muss
zeig mir wo ich bin
zeig mir wie leben geht

hilf mir
hilf mir mich wiederzufinden
hilf mir wieder zu leben

wenn die angst malt

ein schwarzer pinselstrich
dann noch einer quer drüber
schwarz ausgemalt
andere farben gibt es nicht
denn die angst malt wieder

düstere szenarien
schmücken stück für stück deine gedanken
lassen es dunkler scheinen als es ist
auf einmal ist auch tagsüber nacht
denn die angst malt wieder

eine dünne linie der hoffnungslosigkeit
ein kreis voll verzweiflung
dunkle wolken der ungewissheit drohen über allem
flecken der unsicherheit zieren das ganze
denn die angst malt wieder

angst

was wenn ich genauso werde?
was wenn ich auch anderen wehtun werde?
was wenn es passiert auch wenn ich jetzt sage dass es
das nicht wird?

zweifel
bin ich auch so?
bin ich dem ganzen wehrlos ausgeliefert?
kann ich etwas dagegen tun?

gedanken
kreisend
sich drehend
abwärts

fragen
was wenn?
wer bin ich?
wer werde ich sein?

worte

manchmal können menschen mit ein paar worten
deine gesamte liebevoll aufgebaute welt zum einsturz
bringen
und merken es nicht einmal

manchmal treten sie mit ihren worten
mitten hinein in die gesamte liebevoll aufgebaute welt
und sehen gar nicht was sie alles niedertrampeln

manchmal machen sie mit ein paar worten so viel
kaputt
in deiner gesamten liebevoll aufgebauten welt
und registrieren nicht wie verletzt sie dich
zurücklassen

mal wieder

du bist wieder abweisend
du bist wieder kaum zuhause
du bist wieder gedanklich ganz weit weg

du vergisst uns wieder
du vergisst dass wir dich auch brauchen
du vergisst dass es nicht reicht zwischendurch mal
anwesend zu sein

du merkst nicht was in uns vorgeht
du merkst nicht dass du dich schon wieder entfernst
du merkst nicht dass du hilfe brauchst

was wenn

was wenn ich genauso werde?
was wenn ich es nicht merke?
was wenn ich schon so bin?
was wenn ich es nicht merke?
schließlich merkt sie auch nichts

was wenn es sich langsam in mich schleicht?
was wenn es sich schon in mir festsetzt?
was wenn ich ihr verhalten schon verinnerlicht habe?
was wenn es sich schon in mir festsetzt?
schließlich hat es das bei ihr ja auch

was wenn ich wie sie alle wegstoße?
was wenn ich irgendwann alleine bin?
was wenn ich keine beziehung aufrechterhalten kann?
was wenn ich irgendwann alleine bin?
schließlich sehe ich das ja ständig bei ihr

was wenn ich auch alles kontrollieren will?
was wenn ich dabei die kontrolle über mich verliere?
was wenn ich nicht merke dass ich andere nicht
kontrollieren kann?
was wenn ich dabei die kontrolle über mich verliere?
schließlich hat sie das auch

du ziehst dich zurück

du ziehst dich zurück in deine eigene welt
aufgebaut aus gedanken ängsten und verzweiflung
weg von allem was verantwortung bedeutet
gleichzeitig mit allen händen da wo andere hilfe
brauchen

du vergisst dich selbst dabei
bist nur noch ein schatten deiner selbst
kapselst dich ab
weil du dir einredest dass dich eh keiner mag

du wirfst mit steinen auf die glaswand
die du um dich herum gebaut hast
du schneidest dich an den scherben
schickst die weg die dir helfen wollen

du jagst zusätzlich pfeile hinterher
gefüllt mit dem gift das du in gedanken spinnst
wenn die angst überhandnimmt
und dir scheinbar nur angriff als verteidigung bleibt

du flößt anderen deine meinung ein
wie ein mittel um sie an dich zu binden
dabei kannst du menschen nicht festhalten
sondern solltest sie loslassen damit sie gerne bei dir
bleiben

du errichtest fronten
wo vorher brücken waren
erwartest aber dass alle an deiner seite und um dich

kämpfen
wenn du sie von dir gestoßen hast um gegen sie zu
kämpfen

du ziehst die unwissenden ins boot
erzählst ihnen nur deinen teil der geschichte
verzerrt durch die spiegel der angst und verzweiflung
weil deine wahrnehmung von einer anderen macht
geprägt ist

du schlägst alle warnungen und hinweise in den wind
verwirbelst sie zu einem sturm
und schickst ihn auf den der sie ausgesprochen hat
denn nur deine wahrheit zählt

du misstraust jedem der dir zu nahe kommt
denn wer zu viel von dir weiß
kann dich laut deinen gedanken nicht mehr mögen
und wird dir irgendwann in den rücken fallen

du glaubst deiner krankheit mehr als dir selber
vertraust auf das was sie dir ins ohr flüstert
und wenn das ist dass du nichts wert bist und alle
hinter deinem rücken reden
dann ist es das was du glaubst

du bist mittlerweile mehr deine krankheit als du selbst
nicht sie wurde ein teil von dir
sondern du wurdest einer von ihr
und wirst von ihr verschluckt werden wenn du dich
nicht wehrst

ich wünschte

es war nicht immer fair
wie du dich mir gegenüber verhalten hast
wie du mich manipuliert hast
wie du dich mehr und mehr in deine welt
zurückgezogen hast

ich weiß
dass ich auch nicht immer fair war
dass ich an den eskalationen meist mit beteiligt war
dass ich dich auch immer wieder provoziert habe

es ist schlimm
was du mit mir gemacht hast
was du mir eingeredet hast
was dadurch mit mir passierte

ich habe lange nicht verstanden
wie viel macht ich dir über mich gegeben habe
wie negativ du dein umfeld zum teil beeinflusst hast
wie sich das auf mich ausgewirkt hat

es ist nicht so
dass ich nur das an dir sehe
dass alles schlimm für mich war
dass ich dir die schuld an allem gebe

ich weiß nur jetzt
dass man nicht allem was eine mutter sagt
bedingungslos vertrauen kann
dass es manchmal hilft sich mehrere seiten einer

geschichte anzuhören um seine meinung zu bilden
dass aus dir zu diesen zeiten vermutlich mehr deine
krankheit als du sprachst

es ist traurig mitanzusehen
wie du stück für stück um dich herum alles zerstörst
wie du in den trümmern sitzt und wütend bist
wie du die schuld dafür bei anderen suchst

ich weiß nicht
wie es in deiner welt aussieht
wie ich an dich herankommen soll
wie man dir klarmachen kann dass die schuld nicht
immer bei den anderen liegt

es tut weh zu sehen
wie du deine wichtigsten menschen wegstößt
wie du mit vorwürfen um dich schlägst
wie du blind und taub bist für die hilfsangebote

ich wünschte
du würdest wieder mehr schätzen was andere für dich
tun
wieder mehr auf dich selbst vertrauen
endlich akzeptieren dass du etwas für dich tun solltest

wut

die glut ist immer da
verbreitet hitze
schwelt vor sich hin

manchmal entzündet sie sich wieder
flammen züngeln hervor
lecken an dem was sie umgibt

die flammen werden größer
wollen mehr haben
breiten sich aus

sie entzünden alles um sich herum
machen die hitze unerträglich
greifen nach allem was in der nähe ist

sie schleudern funken
entzünden damit immer mehr
breiten sich in irrer geschwindigkeit aus

die wut in mir kocht
verbrennt alles
steckt mit den funken alles an

es entsteht energie die raus muss
in zerstörerischem wüten
stößt sie kraftvoll hervor

ich bin taub
muss mich spüren
der zerstörung beginnt in mir

erst wenn ich verbrannt bin
wenn nur die glut übrig ist
bin ich wieder ruhig

vertauschte rollen

auf einmal bin ich die erwachsene
und du das kind

du erwartest programm
und kümmerst dich nicht
du bist ungeduldig
und wirst ungehalten wenn etwas nicht läuft
du stellst dich dumm
und wartest bis ich alles organisiere
du vergisst dinge
und machst mich dafür verantwortlich

und ich mache mich klein
statt mich zu wehren
ich lasse es zu
dass du mich ausnutzt
ich mache einfach
was du von mir verlangst
ich werde still
wie damals

als das wehren nichts brachte
als es sonst nur noch eskalierte
als es darum ging zeit zu überbrücken
als ich mich selbst vergaß

unfair

unfair
dass sie jetzt alles an dir auslässt
dass sie nichts sieht
dass sie keine hilfe annimmt

unfair
dass wir so machtlos sind
dass sie nicht auf uns hört
dass von außen niemand etwas sieht

unfair
dass es noch lange so weitergehen wird
dass keine veränderung in sicht ist
dass es keinen ausweg zu geben scheint

unfair
dass du ebenso daran zerbrechen könntest wie ich
dass ich dir viel zu wenig helfen kann
dass wir ihr so wenig helfen können

unfair
dass es so unsichtbar bleibt
dass unsere hilferufe so unhörbar sind
dass wir alleine damit sind

beschützen

will dich beschützen
vor dem was mir passiert ist
und kann doch nur für dich da sein
dir sagen dass ich weiß wie du dich fühlst
weil sich an der situation nichts geändert hat
weil sie sich nicht geändert hat

will dich beschützen
vor dem was mir passiert ist
und kann dir doch nur zuhören
meine erfahrungen mit dir teilen
weil ich so machtlos bin
weil sie uns so machtlos macht

will dich beschützen
vor dem was mir passiert ist
und kann dir doch nicht mehr geben
als meine hand um dich da durch zu begleiten
weil wir zusammen stärker sind
weil wir gegenseitig auf uns aufpassen müssen

als schwestern
wir zwei zusammen

der knoten

es ist
als würde ich stück für stück den knoten in mir
auflösen
als würde ich eine schlaufe nach der anderen
entwirren
als würde ich mich mit einem knoten nach dem
anderen beschäftigen

es ist
als würde ich die immer länger werdenden enden vor
mir auslegen
als würde ich die enden betrachten
als würde ich sehen was schon alles passiert ist

es ist
als würde mir das seil manchmal zwischen den fingern
durchgleiten
als würde es auch einfach ohne vorwarnung reißen
können
als würde es sich jederzeit wieder verknoten können

es ist
als hätte ich keinerlei kontrolle über das seil
als hätte ich keine ahnung was ich damit machen soll
als hätte ich zu lange nichts damit gemacht

es ist
meine wahrnehmung
meine wahrheit
mein umgang mit dem knoten

trauern

ich trauere um unsere mama von früher

die mama
die bedingungslos für uns da war
die gerne etwas mit freunden unternahm
die immer mittendrin war

die mama
die nicht berechnend freundschaft gegeneinander
aufwog
die nicht leute gegeneinander ausspielte
die nicht an allem etwas auszusetzen fand

die mama
die geschenkte zeit zu schätzen wusste
die menschliche nähe genoss
die immer ein ehrliches offenes ohr hatte

die mama
die nicht jeden von sich stieß
die nicht aus allem einen streit anfing
die nicht mit vorwürfen um sich warf

die mama
die eigene fehler erkannte
die lösungsbereit war
die auch mal zu einer entschuldigung bereit war

die mama
die es irgendwie kaum mehr gibt
die von der krankheit verdrängt wurde
die ich immer seltener finde

ich trauere um jemanden
der eigentlich noch da ist
und irgendwie doch nicht

ich trauere um jemanden
den ich vor einiger zeit stück für stück verloren habe
an eine unfaire krankheit

ich trauere um jemanden
von dem ich nicht weiß
ob ich ihn jemals wieder zurückbekommen werde

ich trauere um unsere mama von früher

vorwerfen

du versuchst so verzweifelt zu kontrollieren
dass du nicht merkst wie dir alles aus den fingern
gleitet
du versuchst so verzweifelt festzuhalten
dass du nicht merkst wie du die leute dabei erdrückst

du versuchst so verzweifelt anderen zu helfen
dass du dabei vergisst dir selber zu helfen
du versuchst so verzweifelt niemanden zu vergessen
dass du dabei dich selber vergisst

du meidest dich selber so stark
dass du deine selbstwahrnehmung verlierst
du meidest die konfrontation mit deinem verhalten
dass du die realität nicht mehr siehst

du versinkst im kontrollwahn
bist gleichzeitig so überfordert mit dir selbst
du hältst leute viel zu fest
um sie im nächsten moment von dir fortzustoßen

du versuchst anderen zu helfen
versinkst aber im eigenen chaos
du bist ständig überall
aber nie bei dir selbst

du entfernst dich immer weiter von der
die wir mal kannten
du verletzt uns mit deinem verhalten
ohne dass du es erkennst

du bist nicht mehr du
du bist deine krankheit
das kann dir niemand vorwerfen

aber du lässt dich von ihr beherrschen
stößt alle von dir die dir helfen wollen
und das werfe ich dir irgendwie schon vor

was mir fehlt

mir fehlt eine mutter
an die ich mich manchmal anlehnen kann
mir fehlt eine mutter
die mich hält
mir fehlt eine mutter
die für mich ist

ich kann meine mutter
nicht auf meinen schultern tragen
ich kann meine mutter
nicht retten wenn sie es nicht will
ich kann meine mutter
nicht verändern

ich bin nicht
für meine mutter verantwortlich
ich bin nicht
dafür zuständig wie es meiner mutter geht
ich bin nicht
schuld an dem was passiert

ich darf
abstand nehmen
ich darf
mich abgrenzen
ich darf
traurig sein

in deiner macht

weil du verletzt bist
tust du ihr weh
was mir weh tut

weil du wütend bist
machst du sie wütend
was mich wütend macht

und ich wünschte
ich könnte mich besser abgrenzen
aber du beherrschst deine spiele so gut

ich stecke fest
zwischen dem was mir mit dir passiert ist
und dem was ihr mit dir passiert

ich stecke fest
zwischen loslassen wollen
und irgendwie doch nicht können

und du spielst dein spiel
und hältst mich damit fest
wer weiß ob bewusst oder unbewusst

aber du spielst dein spiel
und hast mich damit noch immer
in deiner macht

festhängen

Ich hänge fest
spiele in gedanken
immer wieder
das gleiche ab

ich hänge fest
in einer dauerschleife
der immer gleichen
situation

ich hänge fest
finde nicht mehr
wo eigentlich immer
der ausweg war

ich hänge fest
wie ich deine narben sehe
immer wieder
frage ich in gedanken danach

ich hänge fest
wie du mich fallen lässt
immer wieder
in ein loch ohne boden

ich hänge fest
wie du tust
eigentlich wie immer
als wäre nichts passiert

ich hänge fest
wie du danach
in gedanken immer wieder
zu mir kommst

ich hänge fest
wie du zu mir sagst
im kopf immer wieder
dass ich niemandem etwas sagen soll

ich hänge fest
wie du gehst
in meinem kopf
mich immer wieder alleine lässt

ich hänge fest
wie ich zurückbleibe
immer noch
mit den gedanken

ich hänge fest
und spiele in gedanken
immer wieder
die gleiche szene ab

ich hänge fest
und verstehe
immer noch
nicht was du mit mir gemacht hast

vielleicht

ich spiele mit dem gedanken
den kontakt abzubrechen
mich endlich freizumachen

aber die endgültigkeit
die damit einhergeht
macht mir so große angst

und wie erkläre ich dir warum
wenn ich nicht wie du
nur in vorwürfen reden will?

wie erkläre ich dir
was alles falsch gelaufen ist
ohne dir die schuld zuzuschreiben?

wie erkläre ich dir
was mich so sehr verletzt hat
ohne dich dabei zu verletzen?

und warum denke ich
schon wieder nur an andere
wenn es doch endlich einfach mal nur um mich gehen
sollte?

warum tut es immer wieder aufs neue so weh
wenn ich daran denke
was alles passiert ist?

und warum versuche ich immer noch
dich zu retten
auch wenn ich es offensichtlich nicht kann und sollte?

vielleicht
weil wir auch viele gute momente hatten
und ich manchmal noch hoffe dass wieder mehr davon
kommen

vielleicht
weil ich hoffe
dass ich dir das alles irgendwann wirklich verzeihen
kann

und ganz vielleicht
ist irgendwo in mir immer noch ein kleiner teil
der hofft dass ich irgendwann aus diesem albtraum
aufwache

wie

es heißt
dass man loslassen muss
was einen zurückhält
aber keiner sagt einem
wie man seine mutter loslässt

es heißt
dass man gehen lassen muss
was einen verletzt
aber keiner sagt einem
wie man seine mutter gehen lässt

es heißt
dass man beziehungen beenden muss
die einem nicht gut tun
aber keiner sagt einem
wie man die beziehung mit seiner mutter beendet

es heißt immer so viel
was man alles machen soll
wenn etwas nicht mehr passt
aber keiner sagt einem
wie man das macht wenn es um die eigene mutter
geht die teil des ganze bisherigen lebens war

es heißt
dass es so einfach ist
wenn man nur die richtige einstellung hat
aber keiner sagt einem

wie man die gesamte selbstverständliche
zukunftsvorstellung mit seiner mutter loslässt

es heißt
dass man eben einfach machen muss
wenn man seine zukunft besser machen will
aber keiner sagt einem
wie man mit der riesengroßen angst umgeht wenn die
eigene mutter nicht mehr teil des lebens sein soll

es heißt
dass man selber für seine gedanken verantwortlich ist
und das mag stimmen
aber keiner sagt einem
wie verdammt weh es tut wenn man seine eigene
mutter gehen lassen will

die stillen zuschauer

ihr wusstet davon
und habt nie nachgefragt
ihr wusstet davon
und habt uns damit alleine gelassen
ihr wusstet davon
und habt euch komplett rausgehalten

ihr habt es mitbekommen
und nie mehr nachgefragt
ihr habt es gesehen
und nie gefragt wie es uns damit geht
ihr wart beteiligt
und habt nichts gemacht

und ich weiß
dass wir in der familie scheinbar nicht über so etwas
reden
und ich weiß
dass es kein einfaches thema ist
und ich weiß
dass nach außen meistens alles super aussah

aber ich weiß auch
dass wir alleine damit waren und immer noch sind
ich weiß
dass wir zu mitten drin waren um uns hilfe zu holen
ich weiß
dass die hilfe von außen hätte kommen müssen

und ich nehme es euch übel
dass ihr nie mehr nachgefragt habt
ich nehme es euch übel
dass ihr nur zugeschaut habt
ich nehme es euch übel
dass ihr uns alleine gelassen habt

und ich verstehe nicht
warum ihr nicht wenigstens nachgefragt habt
ich verstehe nicht
wie ihr alles einfach so geschehen lassen konntet
ich verstehe nicht
wie ihr so einfach die augen verschließen konntet

ich muss nicht

ich kann dir nicht helfen
wenn du dir nicht helfen lassen willst
ich kann dich nicht ändern
wenn du dich nicht ändern willst
ich kann nichts tun
außer zuschauen wie du dich weiter kaputt machst

ich kann für dich keine probleme lösen
die du nicht lösen willst
ich kann dich nicht dazu zwingen
deine probleme anzugehen
ich kann nichts tun
außer zuschauen wie du um dich herum alles kaputt
machst

ich kann nicht
ich muss nicht
ich habe keine verantwortung für dich

aber es tut weh
es macht mir angst
es ist die hölle

tränen

erste tränen
als ich ehrlich bin
weil ich weiß
in welche richtung das läuft

weitere tränen
als ich realisiere
dass es früher passiert
als ich dachte

mehr tränen
als von ihr nur unverständnis kommt
und sie so
scheinbar unemotional reagiert

ein tränenstrom
als ich sehe
dass sie so bald vermutlich nicht verstehen wird
was das problem ist

ein völliger zusammenbruch
als ich verstehe
dass das erstmal ein abschied ist
und ich mich eigentlich schon viel länger verabschiedet
habe

verletzlich

ich war ehrlich war offen
ich hab dir endlich gesagt wie es mir geht
ich hab mich verletzlich gemacht

du warst fordernd kindisch
du hast abweisend und verständnislos reagiert
du hast es ausgenutzt

ich habe mich von dir entfernt
ich habe schutz bei mir gesucht
ich habe mich aber nochmal rausgetraut

du hast dich ebenfalls entfernt
du hast es nicht gemerkt
du hast zugestoßen

aus zusammen wurde jeder für sich
aus einer familie wurde eine zweckgemeinschaft
aus einem gesprächsversuch wurde ein abschied

wenn der körper fühlt

schwindelig von den gedanken die sich unaufhörlich
drehen
schmerzen von der last die ich mittrage obwohl sie
nicht meine sein sollte
druck um den kopf von allem was auf mich einströmt
übelkeit weil ich ihr gegenüber immer alles
zurückhalte
bauchschmerzen weil ich das alles nicht einfach so
verdauen kann
kieferschmerzen vom ständigen aushalten von sachen
die ich nicht aushalten sollen müsste
zittern aus überforderung mit dem was passiert
kältegefühl weil zu viel energie für sachen draufgeht
die nicht da sein dürften
unruhe wenn ich daran denke was uns noch
bevorsteht
müdigkeit vom ständigen kämpfen und wachsam sein
panik beim einschlafen wenn ich merke dass ich jetzt
loslassen müsste

irgendwo im zwischenmenschlichen

fast eine woche her
manchmal traurig
manchmal wütend
manchmal erleichtert

fast eine woche her
manchmal vermisse ich dich
aber meistens nicht so sehr
und das macht mich manchmal traurig

fast eine woche her
aber ich habe mich schon vorher
über lange zeit verabschiedet
dass es kaum einen unterschied macht

fast eine woche her
manchmal will ich dir etwas erzählen oder schicken
und dann fällt mir ein
dass wir keinen kontakt haben

fast eine woche her
manchmal erleichternd
weil ich weiß
dass ich mir die zeit geben kann die ich brauche

fast eine woche her
ein auf und ab
und ich weiß nicht
wohin es führt

fast eine woche her
und es fühlt sich schon viel länger an
weil ich uns schon lange verloren haben
irgendwo im zwischenmenschlichen

abwarten

auf dem weg zur verurteilung
vielleicht habe ich glück
vielleicht auch nicht

vor dem richterstuhl
ist mein richter heute gut gelaunt
habe ich heute eine chance

ich habe mich dir geöffnet
habe meine sicht ehrlich geschrieben
habe mich so verletzlich gemacht

und jetzt warte ich
wie du reagieren wirst
ob du meine offenheit ausnutzen wirst

ich habe angst
dass du mir meine verletzungen absprichst
dass du alles runterspielst

ich weiß nicht
was für gedanken dir dabei durch den kopf gehen
ob du jemals verstehen wirst wie sehr du mir
wehgetan hast

ich hoffe irgendwie ein kleines bisschen
dass du es siehst
dass du dich diesmal wirklich verändern willst

aber im kopf habe ich die vielen male
bei denen du mir vorwürfe um die ohren gehauen hast

bei denen ich am ende die schuldige war und sich
nichts geändert hat

zu viel erlebt
keine kraft mehr zum kämpfen
keine energie mehr um wieder und wieder
weggestoßen zu werden

zu viel verloren
es hält mich nichts mehr bei dir wenn du nichts
einsiehst
es gibt für mich nicht mehr viel zu verlieren

abwartend
mit so viel angst
und einem kleinen funken hoffnung

muttertag

angst vor dem muttertag
weniger weil ich nicht weiß wie ich mit dir an dem tag
umgehen soll
sondern eher weil ich nicht weiß wie ich mit mir an
dem tag umgehen soll

angst vor dem muttertag
weniger weil es der erste muttertag ist ohne dich
mehr weil du so viele vorher schon nicht mehr richtig
da warst

angst vor dem muttertag
weniger weil ich dich vermisse
mehr weil ich um meine frühere mutter trauere

angst vor dem muttertag
weniger weil der tag für mich so viel bedeutung hat
mehr weil er mich an die muttertage mit meiner
wirklichen mutter erinnert

angst vor dem muttertag
weniger weil ich angst vor dem tag an sich habe
mehr weil ich angst vor den gedanken an dem tag
habe

angst vor dem muttertag
weniger vor diesem speziellen tag
mehr vor allen folgenden familientagen

angst vor dem muttertag
weniger vor dem tag an sich
mehr vor dem allein sein

du fehlst mir

„naja... du fehlst mir"
nur ein paar worte
vermutlich nicht viel dabei gedacht

„naja... du fehlst mir"
nur ein paar worte
lösen eine flut bei mir aus

„naja... du fehlst mir"
schlechtes gewissen
weil ich mich verantwortlich fühle

„naja... du fehlst mir"
wut
weil ich mich nicht verantwortlich fühlen will

„naja... du fehlst mir"
wehmut
weil ich deine frühere version auch vermisse

„naja... du fehlst mir"
angst
weil ich weiterdenke und nicht weiß wie es
weitergehen soll

„naja... du fehlst mir"
enttäuschung
weil du scheinbar immer noch nichts verstanden hast

„naja… du fehlst mir"
nur ein paar worte
und doch so viel mehr

trauer

trauer
um das was mal war und nicht mehr ist
um das was hätte sein können
um das was nie sein wird

trauer
dass du gestorben bist ohne tot zu sein
dass du nicht mehr da bist ohne weg zu sein
dass du nicht mehr du bist ohne dass du es siehst

trauer
dass die krankheit dich mir weggenommen hat
dass du dich nicht gewehrt hast
dass du es bis heute nicht erkennst

trauer
weil ich weiß was ich mal hatte
weil ich weiß was nicht mehr sein wird
weil ich weiß was ich vermissen kann

was hast du nur mit mir gemacht?

was hast du nur mit mir gemacht?
frage ich mich
wenn ich weinend in mein völlig erschöpftes und
verquollenes gesicht im spiegel schaue nachdem ich
schon wieder eine panikattacke hatte

was hast du nur mit mir gemacht?
frage ich mich
wenn ich vor verlustangst zitternd auf mein handy
starre und verzweifelt auf antworten warte
während die person einfach nur die nachricht
vergessen hat

was hast du nur mit mir gemacht?
frage ich mich
wenn ich hektisch alles versuche um mich von
verletzenden gedanken abzulenken
weil ich vor lauter gefühlen nicht mehr weiß wohin mit
mir

was hast du nur mit mir gemacht?
frage ich mich
wenn ich mich schlaflos im bett herumwälze und keine
ruhe finden kann
weil die gedanken ergebnislos kreisen und kreisen

was hast du nur mit mir gemacht?
frage ich mich
wenn ich die panik und angst von damals wieder
genau so spüre nur diesmal ohne anlass

weil mein körper alles abgespeichert hat und viel zu
schnell wieder in den panikmodus umschaltet

was hast du nur mit mir gemacht?
frage ich mich
wenn ich den fünften tag in folge keine energie habe
das geschirr in die spülmaschine zu räumen statt es
nur oben drauf zu stellen
weil die ganze energie für die verarbeitung von
ängsten und anderen gefühlen draufgeht

was hast du nur mit mir gemacht?
frage ich mich
wenn ich von situationen so schnell reizüberflutet bin
dass ich jedes mal migräne bekomme
weil mein körper keine kapazität hat neben dem
übrigen auch noch neue situationen zu verarbeiten

was hast du nur mit mir gemacht?
frage ich mich
wenn ich meinen freund wieder und wieder frage ob
wirklich alles okay ist zwischen uns
weil mein kopf jede kleinigkeit analysiert und die
verlustängste mir einreden dass ich ihn jederzeit
verlieren könnte

was hast du nur mit mir gemacht?
frage ich mich
wenn ich wieder und wieder bereits vergangene
situationen durchdenke und überlege ob ich mich
nicht doch lächerlich oder jemanden genervt habe

weil ich meiner eigenen wahrnehmung nicht mehr
vertraue

was hast du nur mit mir gemacht?
frage ich mich
und wünsche mir ich könnte all das einfach abschalten
und eine pause von mir haben
weil ich mich manchmal nicht mehr aushalte

gegen eine wand rennen

als du damals
stück für stück
verschwunden bist
hinter einer mauer
die du stück für stück
um dich gebaut hast

hab ich dich
immer wieder
zu erreichen versucht
hinter deiner mauer
in der du dich immer wieder
noch mehr eingebaut hast

aber du hast mich
wieder und wieder
gegen deine mauer rennen lassen
hast dich
wieder und wieder
hinter ihr verschanzt

ich scheiterte
ein ums andere mal
dich zu erreichen
weil du
ein ums andere mal
deine mauer um dich erweitert hast

ich weiß nicht
und werde wahrscheinlich auch nie wissen

was hinter der mauer passiert ist
denn ich weiß nicht
und werde wahrscheinlich auch nie wissen
wo du meine mama gelassen hast

wie oft

wie oft hast du gelogen und warst aber davon
überzeugt dass es die wahrheit ist?
wie oft hast du gelogen nur damit es in deine welt
passt?
wie oft hast du gelogen und dir die wahrheit
zurechtgebogen?

wie oft hast du mich verletzt und es inmitten deiner
eigenen welt nicht gesehen?
wie oft hast du mich verletzt nur damit es in deine welt
passt?
wie oft hast du mich verletzt und mein zerbrechen in
kauf genommen?

wie oft hast du mir die schuld gegeben und hast es
vermutlich wirklich als meine schuld wahrgenommen?
wie oft hast du mir die schuld gegeben nur damit es in
deine welt passt?
wie oft hast du mir die schuld gegeben und mir damit
viel zu viel last aufgehalst?

wie oft hast du mir etwas vorgespielt und es vielleicht
nicht mal bemerkt?
wie oft hast du mir etwas vorgespielt nur damit es in
deine welt passt?
wie oft hast du mir etwas vorgespielt und keiner hat es
bemerkt?

wie oft hatte ich panische angst um dich und du hast
mich nicht gesehen?
wie oft hatte ich panische angst um dich und wusste
nicht mehr weiter?
wie oft hatte ich panische angst um dich und wusste
nicht wie weit du gehen würdest?

wie oft habe ich mich verantwortlich gefühlt und mich
dafür geschämt?
wie oft habe ich mich verantwortlich gefühlt und
wusste nicht mehr weiter?
wie oft habe ich mich verantwortlich gefühlt und
keiner hat mir gesagt dass es nicht meine
verantwortung ist?

wie oft blieb ich alleine und keiner hat mich gesehen?
wie oft blieb ich alleine und wusste nicht mehr weiter?
wie oft blieb ich alleine und versuchte die gleichen
auswege wie du?

wie oft habe ich um hilfe gebeten und keiner wollte
mich hören?
wie oft habe ich um hilfe gebeten und wusste nicht
mehr weiter?
wie oft habe ich um hilfe gebeten und alle haben
weggeschaut?

was übrig bleibt

ich will vertrauen und mein herz sagt mir dass ich es
kann
aber mein kopf hat so viele gründe dagegen
ich will vertrauen und ein teil von mir tut es
aber mein kopf lässt mich wieder und wieder zweifeln
ich will vertrauen und schaffe es immer wieder
bis mein kopf wieder bereits vergangene erlebnisse
heraufholt

und was am ende übrig bleibt
ist angst

angst wieder alleine zu sein
angst schon wieder geliebte personen gehen zu sehen
angst wieder weggestoßen zu werden
angst wieder handlungsunfähig zu sein
angst wieder nicht in entscheidungen einbezogen zu
werden
angst etwas nicht mitzubekommen
angst schuld zu sein
angst etwas zu übersehen
angst die kontrolle zu verlieren
angst dass meine gedanken wahr werden
angst zu vergessen wer ich bin
angst eine last zu sein
angst jemanden zu enttäuschen

angst nicht genug zu sein
angst zu viel zu sein

das bedeutet

dass ich völlig die kontrolle über meine gedanken
verliere

das bedeutet

dass ich ständig auf kleinste zeichen oder
veränderungen achte um dann möglichst schnell
richtig reagieren zu können

das bedeutet

dass ich schlechte stimmung sofort auf mich beziehe
und überlege was ich falsch gemacht haben könnte

das bedeutet

dass ich jeden morgen aufwache mit der befürchtung
dass eine geliebte person nicht mehr lebt

das bedeutet

dass sich in meinem kopf schreckliche szenarien
abspielen was im schlimmsten fall alles passieren
könnte

das bedeutet

dass ich ständig die befürchtung habe dass mich
wieder jemand ohne ankündigung aus seinem leben
wirft

das bedeutet

dass ich mich manchmal zu sehr an menschen hänge
und ihnen beinah den raum nehme

das bedeutet

dass ich alles bis ins kleinste detail zu durchdenken
versuche um auf alles gefasst zu sein

das bedeutet

dass ich mir gespräche in meinem kopf ausmale die nie

stattfinden werden einfach nur um vorbereitet zu sein
das bedeutet
dass die angst wieder jemanden zu verlieren
körperliche schmerzen auslöst
das bedeutet
dass ich eigene bedürfnisse zurückstelle aus angst zu
viel zu verlangen
das bedeutet
dass ich wünsche nicht äußere aus angst dass sich
jemand darüber lustig machen könnte
das bedeutet
dass ich mich anderen nur schwer öffnen kann aus
angst sie zu belasten
das bedeutet
dass mein kopf mir einredet dass ich nicht das recht
habe dass meine grenzen eingehalten werden
das bedeutet
dass ich wieder und wieder die schuld für konflikte bei
mir suche
das bedeutet
dass ich mich bei konflikten erst mal klein mache um
nicht ins schussfeld zu geraten
das bedeutet
dass ich später gespräche wieder und wieder in
meinem kopf durchspiele mit allen antwortvarianten
die es gegeben hätte
das bedeutet
dass ich mir den kopf zerbreche ob ich jetzt wirklich
das richtige gesagt habe und ob ich nicht vielleicht

jemanden verletzt habe
das bedeutet
dass es mir schwer fällt entscheidungen zu treffen
wenn ich die konsequenzen nicht einschätzen kann
das bedeutet
dass ich versuche es allen so recht wie möglich zu
machen um konflikte zu vermeiden da ich deren
ausgang nicht einschätzen kann
das bedeutet
dass ich ungern im vordergrund stehe aus angst vor
anderen etwas falsch zu machen
das bedeutet
dass ich bei kritik schnell unsicher werde und
befürchte dass ich dadurch weniger wert sein könnte
das bedeutet
dass viel zu viel energie draufgeht dabei alles viel zu oft
zu überdenken und ja nichts zu verpassen
das bedeutet
dass ich meinen eigenen gefühlen nicht mehr vertraue
weil ich manchmal nicht mehr weiß was in der
situation berechtigt ist und was gefühle von früher
sind
das bedeutet
dass ich mir nicht mehr vertraue weil ich manchmal
nicht mehr weiß was ich bin und was die angst ist

ich will mir vertrauen und mein herz sagt mir dass ich
es kann
aber mein kopf hat so viele gründe dagegen
ich will mir vertrauen und ein teil von mir tut es

aber mein kopf lässt mich wieder und wieder zweifeln
ich will mir vertrauen und schaffe es immer wieder
bis mein kopf wieder bereits vergangene erlebnisse
heraufholt

und was am ende übrig bleibt
ist angst

ein kurzer moment

ein kurzer moment
und die panik ist wieder da
nichts falsch gemacht
und trotzdem suche ich die schuld bei mir

ein kurzer moment
und wie schnell ich wieder zurückgeworfen werde
nichts falsch gemacht
und trotzdem überlege ich was ich falsch gemacht
habe

ein kurzer moment
und wie frustrierend ist es immer wieder am gleichen
punkt zu landen
nichts falsch gemacht
und trotzdem zweifle ich an mir

ein kurzer moment
und alles bricht ein
nichts falsch gemacht
und trotzdem ist wieder alles eingestürzt

ein kurzer moment
und ich fange wieder von vorne an
nichts falsch gemacht
und trotzdem wieder nach hinten geworfen

gebrochenes vertrauen

das vertrauen gebrochen
kann mich kaum fallen lassen
aus angst etwas zu verpassen

das vertrauen gebrochen
kann kaum loslassen
aus angst etwas zu verlieren

das vertrauen gebrochen
kann kaum glauben
dass es jemand nur gut mit mir meint

das vertrauen gebrochen
kann mich kaum drauf verlassen
dass jemand wirklich gutes für mich will

das vertrauen gebrochen
kann kaum zur ruhe kommen
aus angst dass jemand geht

das vertrauen gebrochen
kann kaum kontrolle abgeben
aus angst etwas falsch zu machen

das vertrauen gebrochen
kann kaum fliegen lernen
wenn die flügel wieder und wieder gestutzt wurden

das vertrauen gebrochen
kann mich kaum fallen lassen
wenn ich nie richtig fliegen gelernt habe

vermissen

heute vermisse ich dich so sehr
und ich wünsche mir eine umarmung von dir
eine von den festen langen
die die welt stehen bleiben lassen

heute vermisse ich dich so sehr
und wünsche mir ein paar ermutigende worte von dir
welche von den lieben tröstenden
die sich so schön warm anfühlen

heute vermisse ich dich so sehr
und ich wünsche mir ein langes gespräch mit dir
eines mit lachen und weinen und ehrlichkeit
das die zeit viel zu schnell vergehen lässt

heute vermisse ich dich so sehr
und ich weiß gleichzeitig dass meine wünsche heute
nicht in erfüllung gehen
weil du so weit weg bist
und es mir nicht helfen würde

heute vermisse ich dich so sehr
und ich weiß dass es noch oft so sein wird
weil ich dich an eine krankheit verloren habe
und das an manchen tagen noch mehr weh tut

heute vermisse ich dich so sehr
und ich weiß dass es dir vermutlich ähnlich geht
und obwohl es sich so falsch anfühlt
ist es vielleicht doch irgendwie das richtige

angst wieder alleine zu sein

ich merke wie ich abstand suche
weil ich angst habe
dass er der nächste ist
der mich alleine lässt

ich merke wie ich mich zurückziehe
weil ich so oft erfahren habe
dass mir hilfe verwehrt wird
von denen ich dachte dass sie mir helfen würden

ich merke wie ich in abwehrhaltung gehe
weil ich schon vor augen habe
wie ich wieder falle
weil mein halt doch nur ein vermeintlicher war

ich habe mich ihm anvertraut
weil ich gehofft habe
dass ich endlich hilfe habe
jemanden der wirklich verantwortlich ist

ich habe mich ihm anvertraut
weil ich dachte
dass ich es jetzt endlich nicht mehr alleine tragen muss
sondern etwas abgeben darf

ich habe mich ihm anvertraut
weil ich weiß
dass ich das hier nicht alleine stemmen kann
dass das eine nummer zu groß für mich ist

und jetzt hoffe ich
dass ich nicht wieder enttäuscht werde
wie es bisher war
jedes mal wenn ich um hilfe gebeten habe

jetzt hoffe ich
dass ich diesmal nicht wieder alleine kämpfen muss
sondern endlich jemanden habe
der mir einen großen teil abnehmen kann

jetzt hoffe ich
dass meine hoffnungen nicht zu hoch gesteckt sind
und ich nicht wieder fallen gelassen werde
wie es viel zu oft war

angst um dich

ich habe angst um dich
weil ich in der gleichen situation war
und weiß welche gedanken mich dabei begleitet haben

ich habe angst um dich
weil ich wieder mitfühle
wenn ich höre was los ist

ich habe angst um dich
weil ich noch immer jeden gedanken mittrage
der damals entstanden ist

ich habe angst um dich
weil du mir so wichtig bist
und ich befürchte die nächste person zu verlieren

ich habe angst um dich
weil ich nicht mehr zählen kann
wie oft ich damals nach einem ausweg gesucht habe

ich habe angst um dich
weil ich mich daran erinnere
wie nah ich dran war allem ein ende setzen zu wollen

ich habe angst um dich
und die angst bleibt
auch wenn ich theoretisch nicht für dich
verantwortlich bin

ich habe angst um dich
und die angst wird größer
je schlimmer die sachen werden die du erzählst

ich habe angst um dich
und weiß dass die angst nicht völlig irrational ist
weil ich meine gedanken in der gleichen situation
kenne

ich habe angst um dich
und weiß dass es auch damit zusammenhängt
dass ich das vertrauen verloren habe dass leute
bleiben

ich habe angst um dich
und meine gedanken überschlagen sich
wenn ich überlege was alles passieren könnte

ich habe angst um dich
und kann doch nicht viel mehr als aushalten
und hoffen dass das ausreicht

es ist nicht fair

es ist nicht fair
dass meine verlustängste jetzt beziehungen so
schwierig machen
weil ich mir damals nie sicher sein konnte wie weit du
gehen würdest

es ist nicht fair
dass ich mich jetzt ständig selber hinterfrage und
anzweifle
weil du mich damals so oft in frage gestellt hast

es ist nicht fair
dass ich so viel energie reingesteckt habe etwas zu
verändern
aber du alle versuche abgewehrt hast

es ist nicht fair
dass ich nie genug sicherheit finde
weil ich nie gelernt habe sie in mir selber zu finden

es ist nicht fair
dass ich jetzt jede situation völlig zerdenke
weil ich damals immer alle faktoren einbeziehen
musste um deine reaktionen bestmöglich vorausahnen
zu können

es ist nicht fair
dass du mir nie eine chance gegeben hast alles zu
erklären
sondern mir stets die schuld gegeben hast

es ist nicht fair
dass ich die ganze zeit befürchte dass mich wieder
jemand alleine lässt
weil mich damals so viele sitzen ließen als ich
jemanden gebraucht hätte

es ist nicht fair
dass ich jetzt versuche alles bis ins kleinste detail
durchzuplanen
weil ich lernte dass ich mich bei dir auf nichts verlassen
konnte

es ist nicht fair
dass du mir jedes ehrliche gespräch irgendwann
wieder vorgehalten hast
aber dann als vorwurf dass es immer nur um mich geht

es ist nicht fair
dass ich so schwer vertrauen kann
weil mich jeder dem ich mich damals anvertraute nicht
ernstnahm

es ist nicht fair
dass ich jetzt panikattacken aushalten muss
weil du meine ganze welt zum einsturz gebracht hast

es ist nicht fair
dass mich trifft
was du nicht siehst

hinterfragen ob ich richtig bin

so oft hinterfragt
ob ich richtig bin
weil du immer wieder geschafft hast
mich daran zweifeln zu lassen

so oft hinterfragt
ob ich eine berechtigung habe
weil du immer wieder geschafft hast
mich daran zweifeln zu lassen

so oft hinterfragt
ob ich nicht vielleicht doch schuld bin
weil du immer wieder geschafft hast
mich daran zweifeln zu lassen

so oft hinterfragt
ob nicht doch vielleicht anders sein müsste
weil du immer wieder geschafft hast
mich daran zweifeln zu lassen

so oft hinterfragt
ob ich wütend sein darf
weil du immer wieder geschafft hast
mich daran zweifeln zu lassen

so oft hinterfragt
ob ich ich sein darf
weil du immer wieder geschafft hast
mich daran zweifeln zu lassen

denn wie soll ich ich sein dürfen
wenn ich dir scheinbar damit weh tue
wenn du mich so nicht annehmen kannst
wenn ich so nie das richtige zu tun können scheine

wie soll ich wütend sein dürfen
wenn du mich dafür verurteilst
wenn du mir die berechtigung dafür entziehst
wenn du meine gründe invalidierst

wie soll ich gerne ich sein
wenn du immer etwas an mir auszusetzen hast
wenn ich nie genug sein kann
wenn ich in deinen augen immer etwas falsch mache

wie soll ich nicht die schuld auf mich nehmen
wenn du mir die ganze zeit sagst dass ich sie habe
wenn du mich für alles verantwortlich machst
wenn du mir so eine riesige last aufbürdest

wie soll ich mich berechtigt fühlen
wenn du mich immer klein machst
wenn du mir jede berechtigung entziehst
wenn du mich nie zählen lässt

wie soll ich mich richtig fühlen
wenn ich für dich scheinbar immer falsch bin
wenn ich neben dir nie einen platz habe
wenn du mich immer in frage stellst

wie hätte ich mich da nicht in frage stellen sollen?
wie hätte ich mich da richtig fühlen sollen?

fallen

zuerst haben die beiden mich fallen gelassen
meine welt aus den angeln gehoben
eine familie zerrissen
mich die reste aufsammeln lassen
ließen mich alleine zurück

dann ließ er mich nochmal fallen
auf einmal weg
ohne abschied gegangen
doch noch viel zu nah
ließ mich alleine zurück

dann ließ sie mich erneut fallen
mit angst alleine gelassen
sich vor mir und der wahrheit versteckt
nicht mehr auffindbar in der ganzen verwüstung
ließ mich alleine zurück

und sie ließ mich wieder und wieder fallen
sah weg wenn ich unsere welt wieder und wieder
ordnen wollte
trampelte dann wieder und wieder drüber hinweg
machte wieder und wieder alles zunichte
ließ mich alleine zurück

dann ließ eine mich fallen
nahm mir allen wind aus den segeln
versteckte sich hinter ausreden als ich verzweifelt um
hilfe bat

sah mich nicht in meiner angst
ließ mich alleine zurück

dann ließ eine mich fallen
gewährte mir eine kurze pause
ließ mich dann alleine wieder dorthin zurückgehen
wovor ich geflüchtet war
tat als wäre nie etwas geschehen
ließ mich alleine zurück

dann ließ eine mich fallen
stieß mich aus ihrem leben
brannte mit wenigen worten alles nieder was noch
übrig war
ging weg ohne sich richtig zu verabschieden
ließ mich alleine zurück

dann ließ einer mich fallen
stellte mich vor vollendete tatsachen
entschied für mich mit
drehte sich um und ging
ließ mich alleine zurück

dann ließ er mich wieder fallen
zog versprechen wieder zurück
stellte mich bei regen wieder vor die tür
wandte sich ab von der wahrheit
ließ mich alleine zurück

dann ließ einer mich fallen
nahm zurück was er mir gegeben hatte
stieß mich mit vorwürfen vor die brust

trat mit worten noch mehrmals nach
ließ mich alleine zurück

und ich falle immer noch
suche nach halt
will endlich anhalten und den fall stoppen
versuche sicherheit zu finden
denke daran wie viele mich fallen ließen

aber ich falle weiter
will dir unbedingt vertrauen
will mich bewusst fallen lassen mit der sicherheit dass
du mich fängst
will endlich ruhig werden
aber ich denke daran wie viele mich fallen ließen

also falle und falle ich
aber wie findet man bei so hoher geschwindigkeit was
man verloren hat
wie findet man halt wenn alles an und mir
vorbeirauscht
wie soll ich mich fallen lassen können wenn ich
nirgends sicherheit finde

unsichtbar sein und gesehen werden wollen

ich wollte unsichtbar sein
unsichtbar für sie
unsichtbar für ihre wut
unsichtbar für ihre launen

ich wollte so dringend gesehen werden
gesehen werden in meiner not
gesehen werden in dem zu viel
gesehen werden in meinem sein

ich wollte unsichtbar sein
damit sie mich nicht bemerkt
damit sie vergisst dass ich da bin
damit sie ihre launen nicht mehr an mir auslassen kann

ich wollte so dringend gesehen werden
damit ich endlich nicht mehr alleine bin
damit ich nicht mehr alleine die verantwortung tragen
muss
damit ich nicht mehr an mir zweifeln muss

ich wollte unsichtbar sein
um endlich meinen frieden zu haben
um ihren vorwürfen zu entkommen
um ihren anschuldigungen keine angriffsfläche zu
bieten

ich wollte so dringend gesehen werden
um eine bestätigung zu bekommen dass ich gut und
erwünscht bin

um meine zweifel an mir auszulöschen
um nicht weiter unterzugehen im zu viel

ich wollte unsichtbar sein
aber nie wegen mir
und doch weil ich mich schämte
wegen ihr

ich wollte so dringend gesehen werden
und das wegen ihr
aber immer für mich
aus dem wunsch heraus endlich leben zu dürfen

ich wollte endlich in meinem unsichtbar sein gesehen
werden
und doch verschlossen alle ihre augen vor mir

familie

meine familie zerrinnt mir zwischen den fingern
und war doch schon lange keine mehr

schon lange nur noch durch lose fäden
zusammengehalten
zerfällt sie jetzt in ihre teile

ich habe den schritt nach draußen gewagt
und damit das system ins wanken gebracht

einer stütze beraubt
wurde es zu instabil

und alles fällt jetzt zurück
auf mich die den ausweg nahm

gegangen um mich selbst zu schützen
vor dem zusammensturz der unvermeidbar schien

jetzt liegen die teile um mich herum
und die wut der anderen trifft mich

weil ich als einzige mich im blick hatte
nachdem ich jahrelang nur alle anderen sah

ich konnte nichts mehr retten
nur (aus)halten war noch möglich

und trotzdem bin ich nun die schuldige
die alles zum einsturz brachte

wo alle schon seit jahren schon
nur nebeneinander existierten

ich war nur der tropfen
der das fass zum überlaufen brachte

aber eben auch der tropfen
der mit seiner wirkung auf einmal allen auffiel

beruhigt ist wer die schuld bequem bei anderen
verortet
allein ist die die diese schuld dann trifft

übersehen

du hast nur den teil von mir gesehen
der dir gepasst hat
aber den ganzen rest der so dringend gesehen werden
sollte
hast du ausgeblendet
du hast mich nicht gesehen
sondern nur eine version von mir
die du sehen wolltest

du bist über mich und meine grenzen hinweggegangen
wie es dir gepasst hat
und alles was ich sagte und tat
war bedeutungslos für dich
du hast mich nicht gehört
sondern einzelne äußerungen zu dem kombiniert
was du hören wolltest

du hast mich zu etwas gemacht
das dir gepasst hat
aber alles was ich wirklich war
hatte keinen platz mehr
du hattest keinen raum mehr für mich
sondern nur für die marionette
die ich für dich hätte sein sollen

und wieder geht jemand über mich hinweg
will mich nicht sehen
will mich nicht hören
und ich überlege was ich übersehen habe

ich war so darauf bedacht alle und alles zu sehen
dass ich dabei mich selbst vergessen habe
die die ich am meisten gebraucht hätte

im spiegel

an manchen tagen schaue ich in den spiegel
stehe da und schaue mir in die augen

und sehe sie in mir
in meinen augen
in meinem kleidungsstil
in meinen gesichtszügen

nur ein bruchteil einer sekunde
ein gedanke und dann tausend mehr

so viel ablehnung
wo ich früher mit stolz erfüllt war
so viel abneigung wie sie auszusehen
oder gar wie sie zu werden
so viel angst mein leben genauso zu sabotieren
und nicht zu sehen dass ich das selber tue

dann schaue ich wieder in den spiegel
stehe da und schaue mir in die augen

ich sehe wieder mich
meine augen
meinen kleidungsstil
meine gesichtszüge

nur ein bruchteil einer sekunde
ließ mich zweifeln wer ich bin

so lange stand ich in ihrem schatten
konnte nie ganz ich sein
so lange war ich kaum eine eigene person
kaum gab es raum für mich
so lange um licht gekämpft
um mich dann doch wieder ihr anzupassen

ich schaue in den spiegel
stehe da und schau mir in die augen

ich sehe mich
aber ich trage sie in mir
in meinen gedanken
in meinem sein

so sehr ich mich an manchen tagen dagegen wehren
will
so viel habe ich auch von ihr gelernt
so sehr ich sie nicht in mir sehen will
so viele schöne momente gab es auch
so sehr ich es manchmal verleugne sie in mir zu sehen
so viel hat sie mich auch geprägt

an manchen tagen bin ich wütend
weil ich bei ihr keinen raum hatte
weil ich als ich nie zählte
weil ich mich so anpassen musste um sie nicht wütend
zu machen

an manchen tagen bin ich frustriert
weil ich mir meinen raum so erkämpfen musste
weil ich mich ständig reflektiere um ja nicht so zu

werden wie sie
weil ich erst jetzt lernen darf wer ich bin

an manchen tagen bin ich müde
weil meine verlustängste überhand nehmen
weil ich aus angst vor ablehnung konflikte vermeiden
will
weil mich bereits feinste veränderungen in der
stimmung meines gegenübers in alarmbereitschaft
versetzen

und an manchen tagen kann ich dankbar sein
für das was schön war
für das was wir gemeinsam hatten
für das was bleibt

bis ich frieden in mir

selbst finde

das kleine mädchen in mir

ich erinnere mich an sie
das kleine mädchen von früher
fröhlich
sorglos
munter

tief in mir wohnt sie noch
das kleine mädchen von früher
mit tränen in den augen
verängstigt
ruhig

ich vermisse sie
das kleine mädchen von früher
offen
strahlend
stark

tief in mir versteckt ist sie noch da
das kleine mädchen von früher
in eine ecke gedrängt
traurig
müde

zwischendurch kommt sie raus
das kleine mädchen von früher
lebensfroh
leicht zu begeistern
nicht unterzukriegen

sie sitzt allein in einer ecke
das kleine mädchen in mir
müde vom leben
völlig zurückgezogen
abgekämpft

es gibt sie noch
das kleine mädchen von früher
lebendig
kämpferisch
standhaft

ich brauche sie noch
das kleine mädchen von früher
zeige ihr das schöne am leben
kämpfe an ihrer seite
wir werden gemeinsam endlich leben

mehr leben

ich habe endlich wieder mehr gute als schlechte tage
kann die guten wieder mehr genießen
die schlechteren gehören eben auch dazu
und das ist dann auch okay
weil es mir dann eben mal nicht so gut geht
aber das ist nicht mehr so oft
und ich fühl mich wieder wohler in meiner haut
da ist endlich wieder mehr leben in meinem leben

ich bin endlich wieder mehr aktiv als müde
liebe es mich zu bewegen
will wieder nach draußen in die welt
schlaf immer noch nicht immer gut
bin immer noch manchmal müde
aber es hält mich nicht mehr davon ab
mir mein leben zurückzuholen
da ist endlich wieder mehr leben in meinem leben

ich bin endlich wieder mehr ausgelassen als in
gedanken gefangen
kann mich wieder mehr über sachen freuen
weiß sie wieder mehr zu schätzen
versinke immer noch manchmal in gedanken
glaube nicht mehr rauszukommen
aber das ist nur ein moment
und nicht mehr die ganze zeit
da ist endlich wieder mehr leben in meinem leben

ich fühl mich endlich wieder leichter als ständig von
der last der gedanken runtergezogen
ich kann wieder frei atmen
kann wieder fliegen
die gedanken sind immer noch manchmal zu schwer
aber ich kann sie auch mal abgeben
kann sie mal liegenlassen
und eine weile abheben
da ist endlich wieder mehr leben in meinem leben

ich bin endlich wieder mehr lebenshungrig als
lebensmüde
ich will mir mein leben wieder zurückholen
es selber in die hand nehmen
ich bin nicht mehr so müde
dass mir alles egal ist
ich will aufstehen
auf meinen eigenen beinen stehen
da ist endlich wieder mehr leben in meinem leben

ich habe endlich wieder mehr kraft
ich kann auch wieder was für andere tun
ohne mich dabei kaputtzumachen
manchmal mute ich mir vielleicht noch zu viel zu
manchmal habe ich trotzdem das gefühl dass ich nicht
mehr kann
aber ich lerne meine grenzen kennen und akzeptieren

und ich schaffe es auch wieder meine schüssel
aufzufüllen
da ist endlich wieder mehr leben in meinem leben

ich blühe endlich wieder mehr als zu welken
ich genieße wieder die sonnenstrahlen
blühe unter ihnen auf
habe immer noch tage an denen die sonne nicht reicht
an denen ich am liebsten verschlossen bleiben möchte
aber ich halte bis zum nächsten tag durch
wenn die sonne wieder stärker strahlt
da ist endlich wieder mehr leben in meinem leben

ich fühle mich endlich wieder mehr wie ich und nicht
mehr wie ein fremder in meinem leben
ich bin wieder gerne ich
genieße es sogar
bin immer noch nicht immer völlig zufrieden mit mir
zweifle manchmal an mir wenn ich in den spiegel
schaue
aber ich kann mir am nächsten tag auch wieder in die
augen schauen
und mein spiegelbild ehrlich anlächeln
da ist wieder mehr leben in meinem leben

ich tanze endlich wieder mehr als zu stolpern
habe meine choreografie wieder gefunden
und etwas verändert
aber ich habe wieder eine richtung
und stolpere nicht von einem bein aufs andere
ich kann aber auch wieder loslassen
und eine weile improvisieren solange die musik nicht
aufhört zu spielen
da ist endlich wieder mehr leben in meinem leben

sicherheitsnetz

das sicherheitsnetz wurde vor einiger zeit von einem
sturm zerstört
auf einmal kein halt mehr
an den letzten dünnen fäden festgehalten

lange zeit bewegungslos verharrt aus angst doch noch
zu fallen
still gehalten um nicht aufzufallen
mit der zeit die kraft verloren weiter festzuhalten

also irgendwann alles riskiert und losgelassen
lange gefallen voller angst vor dem aufprall
und doch aufgefangen worden von einem gespann der
fäden anderer

eine weile ausgeruht und wieder kraft geschöpft
dann bereit gemacht zum fliegen
flügel ausgebreitet und abgesprungen

den flug genossen und ausschau gehalten
einen neuen platz für mich gefunden
baue seitdem mein eigenes netz

fange manchmal andere damit auf
stabilisiere gemeinsam mit ihnen brüchige stellen in
meinem und ihrem netz
lade sie ein ein wenig zu bleiben

falle immer wieder durch in ein loch in meinem netz
werde aber immer von jemandem aufgefangen
kann die stellen reparieren

bekomme dadurch dadurch ein immer festeres netz
mein eigenes sicherheitsnetz
seit das familiennetz kaputt ist

konflikte lernen

früher endete ein streit damit dass einer wegging
früher endete ein streit damit dass es eskalierte
früher endete ein streit damit dass wir uns gegenseitig
anschrien
früher endete ein streit in gewalt

später vermied ich konflikte aus angst dass es wieder
in gewalt enden könnte
später zog ich mich von konflikten zurück um dann
nicht weggehen zu müssen
später sprach ich konfliktthemen nicht an aus angst
wieder angeschrien zu werden
später schwieg ich konflikte tot um einer eskalation
auszuweichen

jetzt lerne ich konflikte neu
jetzt versuche ich mich zu überwinden konflikte
anzusprechen
jetzt erfahre ich wie man konflikte ruhig lösen kann
jetzt weiß ich dass man aus konflikten etwas machen
kann

es fällt es mir noch schwer
es kostet mich überwindung
es ist sehr emotional
aber ich lerne konflikte neu

ich darf

du drehst in meinem kopf die gedanken viel zu schnell
und mir wird schwindelig davon
du sorgst bei mir für kopfzerbrechen
und das hämmert noch lange nach
du vernebelst alles
und ich blicke nicht mehr durch
du erzählst so viel aus deiner sicht
und meine ohren pfeifen
du baust so viel druck auf
und ich beiße die zähne zusammen
du legst so viel gewicht auf meine schultern
und ich trage es irgendwie
du brichst mir das rückgrat
und ich versuche irgendwie stehen zu bleiben
du tischst mir schwer verdauliche kost auf
und ich bekomme bauchschmerzen davon
du sagst dass wir so toll zusammenhalten
und ich falle auseinander

und ich versuche
trotz schwindel halt zu finden
trotz kopfschmerzen klar zu denken
trotz sehstörungen durchzublicken
trotz ohrenpfeifen den rufen meiner geschwister zu
folgen
trotz kieferschmerzen mich durchzubeißen
trotz nackenverspannungen haltung zu bewahren
trotz rückenschmerzen stabil stehen zu bleiben

trotz bauchschmerzen auf mein bauchgefühl zu hören
trotz der tausend scherben die familienreste
zusammenzuhalten

und vielleicht ist es nur eine frage der zeit
bis ich den halt verliere
bis ich nicht mehr klar denken kann
bis ich nicht mehr durchblicke
bis ich die rufe überhöre
bis ich mich nicht mehr durchbeißen kann
bis ich die haltung nicht mehr bewahren kann
bis ich zusammenbreche
bis ich meinem bauchgefühl nicht mehr vertraue
bis ich wie unsere familie zerbreche

aber
ich finde andere sachen die mir halt geben
ich versuche schrittweise und nicht zu weit voraus zu
denken
ich verschaffe mir wie mit einer taschenlampe im
dunklen raum stück für stück mehr durchblick
ich höre schöne sachen um damit das pfeifen
einzubetten
ich nehme kleine bissen und lasse mir zeit
ich lasse mich manchmal fallen und fange die
bewegung im tanz auf
ich stabilisiere mich mit positiven gedanken und
dingen die mir gut tun
ich gebe meinem bauchgefühl raum und höre zu

ich spüre in mich hinein und setze mich stück für stück
wieder zusammen

und ich darf
mir zeit lassen
mir zeit für mich nehmen

ich darf
mich wieder zusammensetzen
mich heilen

ich darf
grenzen setzen
grenzen verteidigen

ich darf
für mich einstehen
für mich sein

mit der angst gelebt

ich habe mit der angst gelebt
dass ein konflikt jederzeit in gewalt enden kann
ich habe mit der angst gelebt
dass jemand mir doch nicht verziehen hat
ich habe mit der angst gelebt
dass etwas an den vorwürfen dran sein könnte

ich habe mit der angst gelebt
dass meine mutter einen ausweg suchen könnte
ich habe mit der angst gelebt
dass ich schuld sein könnte
ich habe mit der angst gelebt
dass ich nicht genug sein könnte

ich habe mit der angst gelebt
dass die dunkelheit in mir zu groß werden könnte
ich habe mit der angst gelebt
dass ich am ende als versagerin dastehen könnte
ich habe mit der angst gelebt
dass ich nichts kontrollieren kann

und ich vermied konflikte
ich machte mich klein und unterwürfig
ich zog mich zurück und wurde leiser

ich versuchte mir den schlimmsten fall vorzustellen um
vorbereitet zu sein
ich versuchte so wenig schuld wie möglich auf mich
kommen zu lassen
ich versuchte alles so gut wie möglich zu machen

ich kämpfte vermeintlich gegen die dunkelheit und
verlor mich noch tiefer darin
ich sah mich selbst immer mehr als versagerin
ich versuchte wenigstens eine sache zu kontrollieren
die jedoch außer kontrolle geriet

aber jetzt habe ich gelernt dass es produktive konflikte
gibt
jetzt stehe ich mehr für mich ein
jetzt werde ich immer noch manchmal leise aber
manchmal auch mutiger

jetzt bin ich immer noch nicht auf den schlimmsten fall
vorbereitet habe aber verstanden dass es nicht von
mir abhängt
jetzt nehme ich immer wieder für mich notwendigen
abstand ein
jetzt bin ich mir selber genug

jetzt stehe ich am rand der dunkelheit und werde
manchmal wieder kurz verschluckt habe aber keine
angst mehr vor ihr
jetzt sehe ich mich als die tolle frau die ich bin und auf
die ich so stolz sein kann
jetzt lerne ich dinge geschehen zu lassen und dann das
beste für mich daraus zu machen

und es klappt noch nicht immer alles
aber ich arbeite jeden tag daran
und das zählt und darauf darf ich stolz sein

anfangen

ich musste dich verlieren
um mich zu finden
ich musste dich hassen
um mich zu lieben

aber endlich
fange ich an
mich zu finden
mich zu lieben

hab dich zu lang an erste stelle gesetzt
und du hast es geliebt
bin zu lang immer wieder deinen rufen gefolgt
und du hast es genossen

aber endlich
fange ich an
mich an erste stelle zu setzen
meinen eigenen rufen zu folgen

du hast so viel versprochen
und ich glaubte dir
du hast mich mit so viel gehalten
und ich ließ es zu

aber endlich
fange ich an
mir selber zu glauben
mich frei zu machen

du hast mich abhängig gemacht von dir
bis ich dachte dass ich abhängig bin
du hast mich vor anderen und vor mir unglaubwürdig
gemacht
bis ich mich selber an mir gezweifelt habe

aber endlich
fange ich an
mein leben zu leben
dich dein leben leben zu lassen

dein leben auf der grenze

so lange unsichtbar gewesen
mich hinter masken versteckt
zurückgezogen ganz verschreckt
wenn du laut geworden bist
mich klein gemacht
nach außen gelächelt und gelacht
aber innen gibt es etwas das mich zerfrisst
mich von dir klein machen lassen
wenn deine vorwürfe mich fassen
bleib ich plötzlich wehrlos zurück
tränen nur heimlich geweint
es war nie wie es nach außen scheint
wurde aber immer in gutes licht gerückt
so lange unsichtbar gewesen

so lange still gewesen
kein wort gesagt
nicht zu träumen gewagt
dass es hilfe gibt
alleine alles in mich reingefressen
dabei mich vergessen
und wie man sich selber liebt
deine kritik still hingenommen
in schuldzuweisungen geschwommen
aber ich schaff das schon
unfähig etwas zu sagen
mich über dein verbot hinauszuwagen

und wer kennt schon so eine situation?
so lange still gewesen

so lange bewegungsunfähig gewesen
hilfe war gedanklich schon zu weit entfernt
und ich habe nie gelernt
wie man mit sowas umgeht
lieber still halten
obwohl meine fäuste sich schon ballten
denn wer weiß wie es um deine laune gerade steht
aus angst begegnungen vermieden
für den stillen rückzug entschieden
denn wehren führt zu streit
und dann fühle danach ich mich schlecht
vielleicht hattest du ja doch recht
und meine wahrnehmung geht zu weit
so lange bewegungsunfähig gewesen

so lange nichts nach außen getragen
so lange angst davor zu versagen
so lange auf deinen befehl hin geschwiegen
so lange mich in unsicherheit wiegen
so lange bewegungslos verharrt
so lange hilflos auf funktionierende familien gestarrt

denn wenn ich dachte dass du gut gelaunt bist
hat mich der nächste vorwurf erwischt
wenn ich dachte wir könnten uns ehrlich unterhalten
konntest du so plötzlich umschalten
wenn ich dachte ich kann dir von meinen
schwierigkeiten mit dir erzählen

konntest du schnell die rolle der beleidigten wählen
wenn ich dachte wir hätten einen streit begraben
konntest du ihn wochen später wieder als thema
haben
wenn ich dachte es würde besser werden
kamst du wieder mit neuen beschwerden
wenn ich dachte wir hätten miteinander eine gute zeit
gingst du im nächsten moment wieder viel zu weit

wenn ich nicht mehr gerne nach hause kam
warst du einmal die die das sehr persönlich nahm
und am nächsten tag hast du gefragt
was wir ändern können und warum hast du nichts
gesagt
wenn ich dann ehrlichkeit wagte
warst du einmal die die mir veränderungen zusagte
und am nächsten tag sagtest du dass ich undankbar
bin
und ich soll doch gehen sonst wohin
wenn ich versuchte dir entgegenzukommen
warst du einmal die die hat dann alles genommen
und am nächsten tag war es dir nicht genug
und du warfst mir vor dass ich nie etwas zum
familienleben beitrug

ich habe unsichtbar in deinem schatten gelebt
habe nichts gezeigt hat es noch so sehr gebebt
ich habe still deine launen ertragen
wagte anfangs nie etwas zu sagen

ich habe bewegungsunfähig in ecken gelauert
um die mutter die ich mal kannte getrauert

ich habe die grenzlinien unter deinen hochgezogenen
stulpen entdeckt
und nach außen unsichtbar in meinen gedanken
versteckt
ich habe von deinen gedanken zur flucht vor allem
gehört
und still niemand anderen damit gestört
ich habe mich mit dem gedanken vertraut gemacht
ohne dich weiterzuleben
unfähig mich davon zu lösen sollte es einmal nicht
mehr geben

ich habe deinen gründen nichts zu sagen vertraut
eine gedankenmauer darum gebaut
ich habe mein eigenes urteil nicht mehr zählen lassen
sondern mich ganz auf deine aussagen verlassen
ich habe deinen gründen gegen eine therapie geglaubt
habe sie abgespeichert jetzt sind sie längst verstaubt

ich habe deine erlernte hilflosigkeit ernst genommen
sah vor lauter sorgen ganz verschwommen
ich habe gedacht dass ich die einzige bin die dir helfen
kann
habe mich verloren in deinem selbstzerstörungswahn
ich habe lange nicht verstanden wie sehr du
manipulierst
und stück für stück deshalb deine freunde verlierst

ich habe zugesehen wie du alle von dir stößt
wie du konflikte durch totschweigen löst
ich habe gehört wie du stundenlang weinst
und danach fragen ob du geweint hast verneinst
ich habe mit dir gelitten wenn ich im badezimmer die
verbände fand
der anblick hat sich mir eingebrannt

zu lange unsichtbar gewesen
zu lange still gewesen
zu lange bewegungsunfähig gewesen

aber ich will mich nicht mehr verstecken
kann meinetwegen auch anecken
ich will nicht mehr länger schweigen
kann nicht länger still bleiben
ich will mich nicht mehr unter dir wegducken
kann jetzt endlich weiter in die welt gucken

ich hab gelernt mich selber zu lieben
lache wieder mehr
kann meine gedanken ein bisschen in den griff kriegen
und fühl mich nicht mehr leer
ich habe gelernt dass ich wertvoll bin
dass es okay ist wenn ich grenzen setze
ich komme wo ich will selber hin
und bilde gedanklich wieder positivere sätze
ich habe gelernt dass ich für mich einstehen muss
dass ich angebe
wie weit jemand gehen darf und dann ist schluss
weil ich mein leben lebe

und ich darf sichtbar sein
ich darf laut sein
ich darf voller bewegung sein

ich darf mir zeit lassen
und mir zeit für mich nehmen
darf sachen verpassen
und muss mich nicht für mich schämen

ich darf mich wieder zusammensetzen
und mich heilen
darf meinen weg fortsetzen
in meinem tempo ohne mich zu beeilen

ich darf grenzen setzen
und grenzen verteidigen
darf mein leben wertschätzen
muss mich nicht um blicke kümmern erst recht keine
mitleidigen

ich darf nicht nur reagieren
und auf das was du tust warten
darf selber agieren
spiele meine eigenen karten

ich darf gedanken denken
muss mich nicht dafür schämen
darf sie dann aber auch umlenken
und übergehen zu anderen themen

ich darf mitgefühl für mich selber haben
mich mal selber fest umarmen

darf mich an sachen erinnern die mir so viel
verzweiflung gaben
und dann mit schönen gedanken wieder ummanteln
ganz warmen

ich darf für mich einstehen
und für mich sein
darf ohne angst nach vorne sehen
und gerne ich sein

endlich laut

manchmal fühlt es sich an
als hätte ich die richtige entscheidung getroffen
als hätte ich endlich für mich entschieden

manchmal fühlt es sich an
als würde ich vor etwas wegrennen
als würde ich vor mir wegrennen

manchmal fühlt es sich an
als wäre ich nur ein zuschauer
als würde ich mir bei all dem nur zusehen

manchmal fühle ich mich gut damit
manchmal zweifle ich
manchmal realisiere ich nicht dass es passiert ist

aber es ist passiert
ich war mutig
und ich war endlich laut

abhängigkeit

ich habe vor langer zeit erst mich verloren
jetzt auch dich verloren
dafür mich wieder gefunden

es scheint als gäbe es uns nur
als entweder ich
oder du

zusammen waren wir
ja immer eher du
und nicht so richtig ich

alleine war ich irgendwann
auch fast nur noch du
und kaum mehr ich

und jetzt werde ich
langsam wieder ich
mit noch recht viel du

aber ich bin jetzt
vor allem ich
weil du nur noch gedanklich bist

und wenn ich die gedanken kurz ausschalten kann
dann bin ich auch mal wieder ganz ich
und du kommst nur ganz wenig vor

und vielleicht werden wir ja irgendwann
wieder ich ganz ich
und du ganz du

und dann hat jede die andere mal verloren
aber jede hat sich gefunden
und ist endlich sie selber geworden

gleichzeitigkeit

ich darf mich gut fühlen
ich darf fröhlich sein
ich darf genießen

obwohl die situation schwierig ist
obwohl ich kämpfe
obwohl ich ihr weh tun musste

und nicht obwohl
sondern und.
gleichzeitigkeit.

ich darf mich gut fühlen und die situation ist schwierig
ich darf fröhlich sein und ich kämpfe
ich darf genießen und musste ihr wehtun

gleichzeitig
weil immer mehr auf einmal passiert
und so vieles gleichzeitig

heilen

heilen tut weh
weil es bedeutet
dass es wunden gab
die sich wieder schließen müssen

heilen tut weh
weil es bedeutet
dass man altes loslassen muss
das einem mal wichtig war

heilen tut weh
weil es bedeutet
dass man weitergehen muss
zu etwas neuem das man noch nicht kennt

heilen tut weh
weil es bedeutet
dass etwas vorbei ist
von dem man vielleicht gerne gehabt hätte dass es
noch weitergeht

heilen tut weh und doch auch gut
weil es bedeutet
dass wunden sich verschließen
der schmerz langsam nachlässt

heilen tut weh und doch auch gut
weil es bedeutet
dass man loslassen darf
und es nicht mehr tragen muss

heilen tut weh und doch auch gut
weil es bedeutet
dass man weitergehen darf
und neues entdecken

heilen tut weh und doch auch gut
weil es bedeutet
dass da raum für etwas neues ist
und veränderung passieren darf

heilen tut weh und gut
bringt so viel mit und nimmt so viel
nimmt und gibt kraft
und das ist gleichzeitigkeit

aufgefangen

ich habe
getan was ich tun konnte
dir meine gründe erklärt
meine verantwortung damit abgegeben

und jetzt darf ich
loslassen
weiterleben
meine entscheidungen treffen

und es ist nicht meine verantwortung
was du daraus machst
wie du dich dabei fühlst
wie du damit umgehst

denn ich bin
nur für mich verantwortlich
eigenständig
unabhängig

und ich werde
aufgefangen
gehalten
getragen

ich darf loslassen

ver-rückt

ein bisschen ver-rückt
alles verschoben
nicht mehr zusammenpassend
als hätten die puzzleteile die form verändert

ein bisschen ver-rückt
mal in anderes licht gerückt
nicht mehr zusammenpassend
als hätten wir zu lange versucht passend zu machen
was nicht passt

ein bisschen ver-rückt
mal gerade gerückt
nicht mehr zusammenpassend
als hätte es schon lange nicht mehr gepasst

ein bisschen ver-rückt
aus der neuen perspektive
nicht mehr zusammenpassend
und schon lange ver-rückt

ein bisschen ver-rückt
und endlich verstanden
dass es nicht mehr passt
und völlig ver-rückt sein darf

ein bisschen ver-rückt
und dadurch endlich den notwendigen abstand
nicht mehr zusammenpassend
braucht es jetzt eben ver-rücktheit

gebrochene flügel

ihr habt mir damals

die flügel gebrochen
die federn gestutzt
mich festgebunden

die wurzeln gekappt
mir den halt genommen
die kraft entzogen

erst jetzt ganz langsam

heilen meine flügel
wachsen meine federn
befreie ich mich

graben sich meine wurzeln tiefer
suche ich mir halt
finde ich eigene kraftquellen

aber sie ist doch deine mutter

aber sie ist doch deine mutter
sagst du
und du weißt nicht
was du damit in mir auslöst

aber sie ist doch deine mutter
sagst du
und du verstehst nicht
dass ich so froh war genau das noch nicht gehört zu
haben

aber sie ist doch deine mutter
sagst du
und du siehst nicht
wie es mich trifft

aber sie ist doch deine mutter
sagst du
und ich sehe wie der satz mich trifft
weil es sich nicht mehr so anfühlt

aber sie ist doch deine mutter
sagst du
und ich verstehe es nicht
weil es meine mutter von früher nicht mehr gibt

aber sie ist doch deine mutter
sagst du
und ich weiß
dass ich mir das so nie ausgesucht hätte

ich muss ihr die veränderung zugestehen
sagst du
und du weißt nicht
wie sehr ich das wollte

ich muss ihr die veränderung zugestehen
sagst du
und du verstehst nicht
wie lange ich darum gekämpft habe sie so
anzunehmen wie sie ist

ich muss ihr die veränderung zugestehen
sagst du
und du siehst nicht
wie lange ich bei mir die schuld gesucht habe

ich muss ihr die veränderung zugestehen
sagst du
und ich sehe
wie lange ich mich angepasst habe

ich muss ihr die veränderung zugestehen
sagst du
und ich verstehe
dass du nicht weißt was die veränderung mit mir
gemacht hat

ich muss ihr die veränderung zugestehen
sagst du
und ich weiß endlich
dass ich bei der veränderung nicht mitgehen muss

es ist nicht nur ein kontaktabbruch
es ist ein abschied von so vielen dingen
es ist ein loslassen von jahrelangen gewohnheiten
es ist der verlust eines stücks heimat
es ist das aufgeben von erwartungen
es ist ein wegnehmen von druck

es ist ein abschied
von meiner mutter die es nicht mehr gibt
es ist ein abschied
von gemeinsamen musikabenden
es ist der abschied
von ehrlichen tiefgehenden lebensgesprächen
es ist der abschied
von spontanen dampfnudelabenden

es ist ein loslassen
von schmerz der sich über jahre angesammelt hat
es ist ein loslassen
von mich kleinmachen um nicht negativ aufzufallen
es ist ein loslassen
von glaubenssätzen die mein überleben gesichert
haben
es ist ein loslassen
der angst schuld zu sein

es ist der verlust
meines jahrelangen zuhauses
es ist der verlust
von gemeinsamen seifenblasenmomenten
es ist der verlust

von spontanen hilfeanrufen
es ist der verlust
von viel zu seltener liebevoller familienzeit

es ist das aufgeben
von erwartungen an sie
es ist das aufgeben
von hoffnung dass es sich doch noch verändern könnte
es ist das aufgeben
von zweifeln ob es nicht doch an mir liegt
es ist das aufgeben
von kompromissen die ich nicht mehr tragen wollte

es ist ein wegnehmen
von druck dem ich nicht mehr standhalten wollte
es ist ein wegnehmen
der angst nicht genug zu sein
es ist das wegnehmen
einer last die ich zu lange getragen habe
es ist das wegnehmen
von verantwortung die nie meine war

es ist nicht nur ein kontaktabbruch
es ist ein schritt wieder zu mir
es ist ein innerliches aufatmen
es ist die suche nach meinem eigenen weg
es ist ein gefühl von frei werden
es ist vorangehen in richtung leben

es ist ein schritt
zu mir zurück

es ist ein schritt
zu einem neuen ich
es ist ein schritt
in richtung heilung
es ist ein schritt
zu viel zu lang zurückgehaltener selbstliebe

es ist ein innerliches aufatmen
weil der druck abfällt
es ist ein innerliches aufatmen
weil ich die last ablegen darf
es ist ein innerliches aufatmen
weil ich verantwortung abgebe
es ist ein innerliches aufatmen
weil ich nichts mehr sein muss

es ist die suche
nach meinem eigenen weg wohin er auch führt
es ist die suche
nach freiheit die mir so viele möglichkeiten bietet
es ist die suche
nach bedingungsloser annahme
es ist die suche
nach halt der mir so lange gefehlt hat

es ist ein gefühl
von frei werden
es ist ein gefühl
von aufgefangen werden
es ist ein gefühl
von bei mir ankommen dürfen

es ist ein gefühl
von wirklich ich sein dürfen

es ist vorangehen
in richtung leben
es ist vorangehen
in richtung meiner zukunft die ich mir aufbaue
es ist vorangehen
in richtung selbstreflexion um ein weitergeben zu
verhindern
es ist vorangehen
in richtung einer großen welt die auf mich wartet

es ist nicht nur ein kontaktabbruch
es ist so viel mehr

ganz ohne dich

ich darf mich ganz fühlen
auch ohne dich

ich bin ganz
ohne dich

mir fehlt etwas
ohne dich

aber es fehlt nicht an mir
ohne dich

ich vermisse etwas
ohne dich

aber ich bin ganz
ohne dich

es fehlt mehr im außenrum
ohne dich

aber es fehlt nicht an mir
ohne dich

es ist anders
ohne dich

aber ich bin ganz
ohne dich

ich bin ganz *ohne* dich
aber ich bin *ganz* ohne dich

ich darf es mir leicht machen

ich muss es nicht schwer nehmen
ich darf es mir auch leicht machen
ich darf loslassen was es mir erschwert
ich darf abgeben was nicht meins ist

ich muss es nicht schwer nehmen
ich darf es mir auch leicht machen
ich darf einen anderen weg gehen wenn der eine
beschwerlich ist
ich darf eine pause machen wenn es mich anstrengt

ich muss es nicht schwer nehmen
ich darf es mir auch leicht machen
ich darf wegfliegen von dem was mich am boden hält
ich darf mich fallen lassen bis es leichter wird

ich muss es nicht schwer nehmen
ich darf es mir auch leicht machen
ich darf frei sein von allem was mich zurückhält
ich darf leicht sein

loslassen

loslassen
was nicht meins ist
losmachen
von dem was mich zurückhält
losgehen
zu meinen gefühlen

aufhören
für andere mitfühlen zu wollen
aufgeben
die verantwortung anderer zu tragen
aufpassen
auf das was meins ist

freilassen
was nicht zu mir gehört
freimachen
von dem gefühl alles alleine tragen zu müssen
frei werden
in meinem fühlen

abwerfen
was gerade zu schwer ist
abschütteln
was mir das fliegen erschwert
abwarten
was passieren wird

verabschieden
was ich nicht mehr aushalten kann

verbinden
wo körper und gefühle zusammengehören
verstehen
dass ich nur meine gefühle tragen muss

meine heldin

ich versuche die heldin in meiner eigenen geschichte
zu sein
aber ich scheitere immer wieder
mache fehler

ich versuche die heldin in meinem leben zu spielen
aber ich verliere kämpfe
versage immer wieder

ich versuche die perfekte heldin zu sein
aber ich sehe mich nicht als heldin
bin alles andere als perfekt

aber vielleicht muss eine heldin auch nicht immer
perfekt sein
vielleicht darf sie auch mal fehler machen
einen kampf verlieren

vielleicht muss eine heldin nicht immer alles auf den
ersten versuch schaffen
vielleicht reicht es manchmal nicht aufzugeben
es immer wieder zu probieren

vielleicht bin ich eine heldin in meiner geschichte
weil ich ihr immer wieder eine neue richtung geben
kann
weil ich immer wieder aufstehe und weitermache

eigentlich sollte ich immer nur die heldin meiner
geschichte sein

nicht in denen der anderen
für die ich nie verantwortlich sein sollte

eigentlich sollte ich immer nur die heldin meiner
geschichte sein
und die war ich
wieder und wieder

eigentlich sollte ich immer nur die heldin meiner
geschichte sein
und wie ich die bin
meine eigene heldin

ich lerne

ich lerne gerade
dass jemand "ich bin stolz auf dich" sagen kann
ohne dass es an unausgesprochene erwartungen
geknüpft ist

ich lerne gerade
dass andere sich meine meinung anhören
ohne sie gleich wieder niederzumachen mit
zurechtgebogenen argumenten

ich lerne gerade
dass ich etwas können und stolz sein darf
ohne dass ich mich selber in den schatten stellen muss

ich lerne gerade
dass ich nicht durch meine leistungen wertvoll bin
sondern einfach durch mich wie ich bin

ich lerne gerade
dass ich niemands erwartungen erfüllen muss
sondern mit mir selber zufrieden sein darf wie ich bin

ich lerne gerade
dass nicht andere über meinen wert bestimmen
sondern ich ganz alleine

ich lerne gerade
dass ich mich nicht klein machen muss
denn meine stimme zählt genauso viel wie alle
anderen

ich lerne gerade
dass ich für mich einstehen darf
denn das darf ich mir wert sein

ich lerne gerade
dass ich meinen eigenen weg gehen darf
denn jemand anders kann ihn nicht gehen

ich lerne gerade
dass ich traurig sein darf
über das was war nicht mehr ist und nie sein wird

ich lerne gerade
dass ich wütend sein darf
über das was niemals hätte sein sollen und doch ist

ich lerne gerade
dass ich stolz auf mich sein darf
auf das was ich bisher geschafft habe und das was
noch kommt

vom gewinnen und verlieren und allem dazwischen

es gab so viele silvester
an denen ich pure angst vor dem nächsten jahr hatte
dass ich mir wünschte ich könnte all dem entfliehen

es gab so viele silvester
an denen die last zu groß schien
um sie noch ein weiteres jahr zu tragen

es gab so viele silvester
an denen ich hoffte
dass das knallen der raketen mich aus diesem
albtraum weckt

dieses jahr habe ich um mich gekämpft
tag für tag
und immer gewonnen
mal mit mehr mal mit weniger blessuren

ich habe um meine familie gekämpft
tag für tag
und so viele stücke davon verloren
und so viel gewählte familie gewonnen

ich habe um meine grenzen gekämpft
tag für tag
und viele gesetzt und verteidigt
und dabei raum für mich gewonnen

ich habe sicherheit gebraucht
und auffangende arme gefunden
ich habe durchhaltegründe gebraucht

und wachstum gefunden
ich habe annehmen gebraucht
und liebe gefunden

ich habe nach leichtigkeit gesucht
und viel arbeit gefunden
ich habe nach leben gesucht
und mich gefunden
ich habe nach balance gesucht
und gleichzeitigkeit gefunden

dieses silvester
habe ich neugier auf ein neues jahr
mit neuen chancen

dieses silvester
darf ich die last teilen
mit leuten die mir tragen helfen

dieses silvester
ist es weiterhin nicht einfach
aber ich weiß da ist immer gleichzeitigkeit

und die gleichzeitigkeit bleibt
beim suchen und finden
beim gewinnen und verlieren
und bei allem dazwischen

schwerelos leichter leben

ich wär so gerne schwerelos
aber wie wird man schwere los

wenn sie schon so lange teil von einem ist
wenn man sie so gut kennt
wenn sie so vertraut ist

wenn sie das einzige war das immer blieb
wenn sie das einzige war was sicher war
wenn sie das einzige war was zuverlässig war

ich wär so gerne schwerelos
aber wie lasse ich die schwere los

wenn ich nicht weiß wer ich ohne sie bin
wenn ich nicht weiß wie ohne schwere leben geht
wenn ich nicht weiß wie sich das anfühlt

wenn die schwere mich am boden hält damit ich nicht
so weit fallen kann
wenn die schwere große freude unterdrückt damit
danach der sturz nicht so tief ist
wenn die schwere sich manchmal wie eine vertraute
umarmung anfühlt

ich wär so gern die schwere los
würde gerne leichter leben

aber ich habe verlernt wie das geht
ich habe vergessen wie sich das anfühlt
ich habe keinen zugriff mehr darauf

also lerne ich von vorne was leichtigkeit ist
erinnere mich wie sich das angefühlt hat
übe mich darin leichter zu leben

denn ich wär so gern die schwere los
würde gerne leichter leben

und ich stelle fest dass leichtigkeit nicht einfach
kommt und bleibt
dass es vielmehr arbeit ist sie wieder und wieder
hereinzubitten und zum bleiben zu überreden
dass es kein „ab jetzt mache ich es mir leichter und
dann lebe ich leichter" gibt

sondern aktiv und bewusst aus der schwere zu klettern
und die leichtigkeit zu suchen
aktiv und bewusst immer wieder die anstrengung auf
mich zu nehmen es mir leichter zu machen
mich jeden tag jede stunde jede minute jede sekunde
aktiv und bewusst für mich zu entscheiden

mehr sein

ich darf wachsen
frei und ungehindert
darf mich strecken und ausbreiten
in alle richtungen in die es mich zieht

ich darf mein leben in die hand nehmen
respektvoll und bewundernd
darf alles daraus machen
und ausprobieren worauf ich lust habe

ich darf meine selbstwirksamkeit entdecken
mutig und neugierig
darf erforschen was ich alles kann
und lernen was ich bewirken kann

ich darf für mich sein
energisch und klar
darf meine grenzen aufzeigen
und einstehen für das was mir wichtig ist

ich darf bei mir sein
achtsam und liebevoll
darf das außen sein lassen wie es ist
und entscheiden wie ich darauf reagieren möchte

ich darf ich sein
gerne und mit ganzem herzen
darf herausfinden wer ich sein will
und mich trauen ganz ich zu werden

ich darf im fluss sein
bewegt und lebendig
darf ausprobieren wie weit ich komme
und dann voller stolz noch weiter gehen

im fluss sein

wenn die tränen in strömen fließen
lasse ich sie überfließen
abfließen
wunden schließen

wenn die tränen in strömen fließen
lasse ich mich zerfließen
meine gefühle zusammenfließen
mich von ihnen umschließen

wenn die tränen in strömen fließen
dann bin ich im fluss
bringe etwas in fluss
folge dem fluss

wenn die tränen in strömen fließen
dann lass ich mich mitreißen vom fluss
schwimme im überfluss
gehe mit dem fluss

wenn die tränen in strömen fließen
muss ich nicht mehr um gedanken kreisen
die zähne zusammenbeißen
sondern darf sie willkommen heißen

wenn die tränen in strömen fließen
lasse ich mich mitreißen
mir den weg weisen
in neue welten reisen

als ich dich sah

als ich dich sah
streifte mich ein hauch
von vertrautheit
eines zuhauses

bis mir einfiel
dass ich dich
und mein zuhause
verloren habe an eine krankheit

und so sah ich dich
und doch nicht dich
sondern deine krankheit
denn die ist meistens vor dir

du warst nah
und weit weg
und wie immer
alles gleichzeitig

du bist noch du
und eben auch nicht
und daher nah
und gleichzeitig entfremdet

und ich bin ein bisschen zerbrochen
und doch ganz ohne dich
und finde in mir selbst die heimat
die ich bei dir nicht mehr fand

mich selbst sehen

hab mich wieder mal in allem verloren
mich selbst vergessen
nur bei anderen festgehangen
dabei wollte ich doch bei mir bleiben

und dann hab ich mich erinnert
dass es mich ja auch noch gibt
nur etwas außer mir geraten
dabei wollte ich doch bei mir bleiben

dann bin ich dorthin auf der suche nach mir
hab mich selber gesehen
nur festgehangen in allem außer mir
dabei wollte ich doch bei mir bleiben

hab mein inneres ich fest umarmt
mir den platz in mir selbst gezeigt
nur als erinnerung
denn ich wollte ja bei mir bleiben

ich gerate immer wieder außer mir
dann verlaufe ich mich in gedankenverirrungen
nur festgehangen an vergangenem
dabei wollte ich doch bei mir bleiben

und dann hole ich mich wieder ab
genieße das zuhause in mir selbst
nur ich mit mir das üben wir noch
denn ich wollte ja bei mir bleiben

ich vergesse immer wieder dass ich dieses zuhause
habe
in dem ich für mich verantwortlich bin
nur für mich
denn ich will ja bei mir bleiben

und manchmal ist die welt da draußen dann leichter
wenn ich nur bei mir selbst bleibe
nur ich entscheide worauf ich wie reagiere
denn ich darf bei mir bleiben

bei mir bleiben

ich hatte eine mutter
sie war liebevoll und einfühlsam und kreativ

sie webte geschichten mit uns
zeigte uns die welt
gestaltete abenteuer für uns

ihre umarmungen brachten die welt in ordnung
gute nacht geschichte und kuss ließen uns in träume
schweben
gemeinsame lieder trugen uns durch den tag

sie schenkte uns ein offenes ohr
sie führte ehrliche und tiefe gespräche mit uns
sie zauberte dunkle tage heller

dann kam die krankheit
erst langsam
schleichend

dann immer schneller
wütender
um sich schlagender

und je mehr die krankheit sich ausbreitete
desto mehr verschoben sich die grenzen
immer mehr krankheit
immer weniger mama

je mehr die krankheit sich ausbreitete
desto mehr verschoben sich die grenzen

von ihr als mutter und uns als kindern
hin zu ihr als kind und uns als erwachsenen

ich sehe sie wie hinter einer dicken glaswand
kann sie erahnen
und doch ist sie unerreichbar geworden für uns

ich sehe sie wie durch eine nebelschicht
sehe ihre umrisse
und doch ist sie mir fremd geworden

nur noch ein schatten ihrer selbst
doch immer größer und dunkler werdend
gefangen in ihrer eigenen welt zu der sonst niemand
zugang hat

nur noch eine gefangene einer krankheit
die uns nach und nach unsere mutter nimmt
die uns doch eigentlich liebt

sie sagt sie liebt uns
und das glaube ich ihr
sie sagt sie gibt ihr bestes
und das glaube ich ihr

aber sie lebt in dieser anderen welt
in der ihr die krankheit scheuklappen aufsetzt
sodass sie nur noch sieht was direkt vor ihr ist
aber am rand wären die wichtigen details zu finden

sie lebt in dieser anderen welt
in der ihr eine stimme ins ohr flüstert
wie alle anderen ihr böses wollen

und sie aus angst vor dem verlassen werden vorher
alle von sich stößt

sie lebt in dieser anderen welt
in der sie wieder und wieder impulsiv und kindisch
handelt
und dann erstaunt reagiert
dass es uns damit nicht gut geht

sie lebt in dieser anderen welt
die sich immer noch weiter von unserer entfernt
ohne dass sie es merkt
oder verstehen kann

ich weiß dass sie uns liebt
und ich liebe sie auch
aber da steht eine krankheit dazwischen
und die krankheit hat mir mein zuhause genommen

die krankheit hat mich an mir zweifeln lassen
hat mich in frage gestellt
hat mich misstrauen gelehrt
hat die kälte mitgebracht

die krankheit hat mich immer kleiner werden lassen
hat mich meine bedürfnisse zurückstellen lassen
hat mich begrenzt und eingeengt
hat mir jeglichen raum genommen

manchmal vergesse ich deswegen
dass meine mutter nur ein teil davon sein sollte
wenn ich meine geschichte erzähle

denn ich erzähle nicht ihre geschichte
sondern meine
und sie ist nur ein teil davon

aber ich bin die hauptdarstellerin
und mein zuhause sollte ich nicht in anderen suchen
bestätigung nicht von anderen holen
glaubenssätze nicht in anderen finden

ich bin die hauptdarstellerin
und ich sollte bei mir zuhause sein
bestätigung in mir selbst suchen und nicht anzweifeln
glaubenssätze in mir selbst finden

ich sollte so viel
aber das ist manchmal so schwierig
denn wie lässt man sich fallen
wie stoppt man den fall wieder
wie vertraut man wenn andere manchmal einfach
gehen
wie vertraut man sich selbst wenn man sich noch
kaum kennt
wie finde ich ein zuhause in mir selbst wenn ich viel zu
lange auf zerbrochenem gebaut habe
wie schaffe ich mir die geeignete basis
woher bekomme ich die baustoffe
woher nehme ich den mut

der gedankensturm zieht auf
wirft mir all die fragen um die ohren

alles prasselt auf mich ein
auf einmal

der gedankensturm tobt
die wolken verdecken das himmelblau
alles scheint grau und trüb und aussichtslos
auf einmal

dann halte ich inne
ich habe mich mal wieder selbst verloren
mich aus dem blick verloren
ich war so weit weg von mir
habe mich selbst vergessen

vor lauter
denken
gedanken
zerdenken
enstand ein denküberhang
die gedanken größer als die grenzen meines kopfes
war ich im chaos auf einmal neben mir
war außer mir

ich wollte doch eigentlich mir raum schaffen
mich endlich ganz weit strecken
ich wollte fort-schritte wagen
raus aus dem zu kleinen

vor lauter
außer mir
neben mir
ohne mich

entstand ein ungle-ich-gewicht
der raum um mich größer als mein mut zu wachsen
habe ich mir nicht genug zeit gegeben
mich beinah aufgelöst

ich wollte doch eigentlich bei mir bleiben
und bin im dazwischen gelandet
ich wollte doch nur noch innerhalb meines kopfes
denken
und dort über mich hinauswachsen

vor lauter
zwischen den zeilen
hinter den mauern
unter verschlüssen
entstand ein dazwischen
nicht bei mir und nicht außer mir
habe ich vergessen zu fühlen
war nebensächlich neben dem eigentl-ich

statt ruhe in mir
finde ich dann zweifel im außen
weil im denküberhang alles passiert
gleichzeitig

statt mitwachsendem raum für mich
finde ich dann ängste drumherum
weil im ungle-ich-gewicht alles passiert
gleichzeitig

statt mir
finde ich dann alle anderen überall

weil im dazwischen alles passiert
gleichzeitig

ich bin heimatlos
bis ich frieden in mir selbst finde
und ich baue an meiner heimat jeden tag
füge langsam jeden einzelnen liebevollen gedanken
hinzu
mache es mir seelenheilsam

ich bin heimatlos
bis ich frieden in mir selbst finde
und ich lerne mich kennen auf einmal mit so viel raum
darf loslassen was nicht zu mir gehört
darf jetzt gerne bei mir bleiben

ich bin heimatlos
bis ich frieden in mir selbst finde
und nach gedankenstürmen baue ich wieder auf
baue weiter mit den stärksten seelensteinen
darf tief atmend wirklich leben

ich bin heimatlos
bis ich frieden in mir selbst finde
und ich finde ein bisschen seelenfrieden jeden tag
habe so viel heilungspotenzial
darf mich bei mir zuhause fühlen

raum für wachstum

Hilfsangebote:

Bundesverband der Angehörigen psychisch erkrankter Menschen e.V.
https://www.bapk.de/der-bapk.html

und die jeweiligen Landesverbände
https://www.bapk.de/der-bapk/landesverbaende.html
(bieten Informationen, Selbsthilfegruppen, Beratung und vieles mehr)

Sozialpsychiatrischer Dienst (ist jeweils ortsgebunden zu finden, haben diverse Angebote zur Unterstützung und Beratung für psychisch kranke Menschen und deren Angehörige)

Telefonseelsorge Deutschland (bei akuten Krisen oder Redebedarf, auch per Chat oder Mail erreichbar)
https://www.telefonseelsorge.de/
Tel.: 0800/1110111 oder 0800/1110222

Locating your soul (junge Online-Redaktion, die über psychische Krankheiten aufklären)
https://locating-your-soul.de/

u.v.m.

Autorin

Anna Hammerstock (*1998) schreibt seit 2013 regelmäßig Texte. Thema ist darin unter anderem die Situation mit ihrer Mutter, die psychisch erkrankt ist. Schreiben hilft ihr dabei, ihre Gefühle und Gedanken einzuordnen, zu verstehen und neue Blickwinkel zu entdecken.
Zum Schutz der Personen, die in dem Buch vorkommen, verwendet die Autorin das Pseudonym Anna Hammerstock.

Instagram: @anna.hammerstock